# 亡友魯迅印象記

MEMORIES OF LU XUN

深入魯迅內心世界，最後的告別與思念



許壽裳 — 著

## 魯迅私密友情回憶，揭露文學巨匠的真實一面

《浙江潮》創辦故事，社會與政治的深刻討論

追求知識、追求真理、追求友誼

進入充滿戲劇性和變革的年代，描繪兩人之間獨特的友誼

# 目錄

# 一　剪辮

一九〇二年初秋，我以浙江官費派往日本東京留學，初入弘文學院預備日語；魯迅已經在那裡。他在江南班，共有十餘人，也正在預備日語，比我早到半年。我這一班也有十餘人，名為浙江班，兩班的自修室和寢室雖均是毗鄰，當初卻極少往來。我們二人怎樣初次相見，談些什麼，已經記不清了。大約隔了半年之後吧，魯迅的剪辮是我對他的印象中要算最初的而且至今還歷歷如在目前的。

留學生初到，大抵留著辮子，把它散盤在腦門上，以便戴帽。尤其是那些速成班有大辮子的人，盤在頭頂，使得制帽的頂上高高聳起，形成一座富士山，口裡說著怪聲怪氣的日本話。小孩們見了，呼作「鏘鏘波子」。我不耐煩盤髮，和同班韓強士，兩個人就在到東京的頭一天，把「煩惱絲」剪掉了。那時江南班還沒有一個人剪辮的。原因之一，或許是監督——官費生每省有監督一人，名為率領學生出國，其實在東京毫無事情，連言語也不通，習俗也不曉，真是官樣文章——不允許吧。可笑的是江南班監督姚某，因為和一位姓錢的女子有奸私，被鄒容等五個人闖入寓中，先批他的嘴巴，後用快剪刀截去他的辮子，掛在留學生會館裡示眾，我也興奮地跑去看過的。姚某便只得狼狽地偷偷地回國去了，魯迅剪辮是江南班中的第一個，大約還在姚某偷偷回國之先。這天，他剪去之後，來到我的自修室，臉上微微現著喜悅的表情。我說：「阿，壁壘一新！」他便用手摩一下自己的頭頂，相對一笑。此情此景，歷久如新，所以我說這是最初的，而且至今還歷歷如在目前的一個印象。

魯迅對於辮子，受盡痛苦，真是深惡而痛絕之。他的著作裡可以引證的地方很多，記得《吶喊》便有一篇《頭髮的故事》，說頭髮是我們中國人的寶貝和冤家。晚年的《且介亭雜文》裡有云：

對我最初提醒了滿漢的界限的不是書，是辮子。這辮子，是砍了我們古人的許多頭，這才種定了的，到得我有知識的時候，大家早忘卻了血史，反以為全留乃是長毛，全剃好像和尚，必須剃一點，留一點，才可以算是一個正經人了。而且還要從辮子上玩出花樣來……（《病後雜談之餘》）

魯迅回國之後，照例裝假辮子，也受盡侮辱，同書裡有云：

「不亦快哉！」——到了一千九百一十一年的雙十（1911 年 10 月 10 日），後來紹興也掛起白旗來，算是革命了。我覺得革命給我的好處，最大，最不能忘的是我可以從此昂頭露頂，慢慢地在街上走，再不聽到什麼嘲罵。幾個也是沒有辮子的老朋友從鄉下來，一見面就摩著自己的光頭，從心底笑了出來道：哈哈，終於也有了這一天了。（同上）

魯迅的那篇絕筆《因太炎先生而想起的二三事》（《且介亭雜文末編》）有云：

……假使都會上有一個拖著辮子的人，三十左右的壯年和二十上下的青年，看見了恐怕只以為珍奇，或者竟覺得有趣，但我卻仍然要憎恨，憤怒，因為自己是曾經因此吃苦的人，以剪辮為一大公案的緣故。我的愛護中華民國，焦唇敝舌，恐其衰微，大半正為了使我們得有剪辮的自由。假使當初為了保存古蹟，留辮不剪，我大約是絕不會這樣愛她的。

看了上面所引，魯迅在初剪辮子的時候，那種內心的喜悅，也就可以推測，無怪不知不覺地表現到臉上來了。

# 二　屈原和魯迅

魯迅在弘文學院時，已經購有不少的日本文書籍，藏在書桌抽屜內，如拜倫的詩、尼采的傳、希臘神話、羅馬神話等等。我看見了這些新書中間，夾著一本線裝的日本印行的《離騷》——這本書，他後來赴仙臺學醫，臨行時贈給我了——稍覺得有點奇異。這也是早期印家之一。他曾經對我說過：「《離騷》是一篇自敘和托諷的傑作，《天問》是中國神話和傳說的淵藪。」所以他的《中國文學史》（即《中國文學史略》）上，關於《離騷》有這樣的話：

其辭述己之始生，以至壯大，迄於將終，雖懷內美，重以修能，正道直行，而罹讒賊。於是放言遐想，稱古帝，懷神山，呼龍虬，思佚女，申紓其心，自明無罪，因以諷諫。次述占於靈氛，問於巫咸，無不勸其遠遊，毋懷故宇。於是馳神縱意，將翱將翔，而眷懷宗國，終又寧死而不忍去也。

他的《中國小說史略》上，關於《天問》說：

若求之詩歌，則屈原所賦，尤在《天問》中，多見神話與傳說，如「夜光何德，死則又育？厥利維何，而顧菟在腹？」「鯀何所營？禹何所成？康回憑怒，地何故以東南傾？」「崑崙縣圃，其尻安在？增城九重，其高幾里？」「鯪魚何所？鬿堆焉處？羿焉彈日？烏焉解羽？」是也。

記得郭沫若先生著《莊子與魯迅》一文，說魯迅熟於《莊子》，就其文章中慣用《莊子》的詞句摘了好多出來，這話是確當的。魯迅又熟於《屈子》，我也仿照就其幾首舊詩中，很粗略地摘一點出來，以見一斑。其中有全首用騷詞，如：

一枝清采妥湘靈，九畹貞風慰獨醒，
無奈終輸蕭艾密，卻成遷客播芳馨！

此外，如：

| 詞句 | 詩題 | 著作年分 |
|---|---|---|
| 荃不察 | 自題小像 | 一九〇三 |
| 扶桑 | 送增田涉君歸國 | 一九三一 |
| 美人不可見 | 無題 | 同上 |
| 浩歌 | 同上 | 同上 |
| 佳人 | 送OE君攜蘭歸國 | 同上 |
| 遺遠者 | 同上 | 同上 |
| 湘靈 | 湘靈歌 | 同上 |
| 浩蕩 | 無題 | 一九三二 |
| 洞庭木落 | 同上 | 同上 |
| 渺渺 | 同上 | 同上 |
| 春蘭秋菊 | 偶成 | 同上 |

| 詞句 | 詩題 | 著作年分 |
|---|---|---|
| 華鐙 | 所聞 | 同上 |
| 玄云 | 無題二者 | 同上 |
| 惆悵 | 同上 | 同上 |
| 無女耀高丘 | 悼丁君 | 一九三三 |
| 峨眉 | 報載換腦炎戲作 | 一九三四 |
| 眾女 | 同上 | 同上 |
| 芳草變 | 秋夜有感 | 同上 |

又魯迅采作《徬徨》題詞的是：

朝發軔於蒼梧兮，夕余至乎縣圃。
欲少留此靈瑣兮，日忽忽其將暮。
吾令羲和弭節兮，望崦嵫而勿迫。

路曼曼其修遠兮，吾將上下而求索。

這八句正寫升天入地、到處受阻、不勝寂寞徬徨之感。

又魯迅在北平阜成門內，西三條胡同尚屋書室，所謂「老虎尾巴」者，壁上掛著一副他的集騷句，倩喬大壯寫的楹聯，其文為：

望崦嵫而勿迫；恐鵜鴂之先鳴！

這表明特別及時努力、用以自勵之意。

我早年和魯迅談天，曾經問過他，《離騷》中最愛誦的是哪幾句？他便不假思索，答出下面的四句：

朝吾將濟於白水兮，登閬風而馬。

忽反顧以流涕兮，哀高丘之無女！

依我想，「女」是理想的化身。這四句人有求不到理想的人誓不罷休之意，所以下文還有「折瓊枝以繼佩」之句。

至於說「《天問》是中國神話和傳說的淵藪」，也是正當的。可惜書中至今還有未得其解的地方，自近年來，卜辭出土，新證遂多，使難以索解之文漸次明白了。例如王國維先生考定了《山海經》中屢稱帝俊，俊就是帝嚳；又所說王亥（《大荒東經》）確是殷代的先祖。於是《天問》中，「該秉季德……恆秉季德……」，足以證明了「該」即王亥，乃始作服牛之聖。「恆」是王恆，也是殷的先祖。所以王先生說：

壬亥與上甲微之間，又當有王恆一世，以《世本》《史記》所未載，《山經》《竹書》所不詳，而今於卜辭得之；《天問》之辭，千古不能通其解者，而今由卜辭通之，此治史學與文學者所當同聲稱快也。

# 三　雜談名人

二十世紀初年，我國譯界負盛名的有兩人：曰嚴復，曰林紓。魯迅受過這兩人的影響，後來卻都不大佩服了。有一天，我們談到《天演論》，魯迅有好幾篇能夠背誦，我呢，老實說，也有幾篇能背的，於是二人忽然把第一篇《察變》背誦起來了——

赫胥黎獨處一室之中，在英倫之南，背山而面野，檻外諸境，歷歷如在幾下。乃懸想二千年前，當羅馬大將凱撒未到時，此間有何景物：計唯有天造草昧，人功未施，其借徵人境者，不過幾處荒墳，散見坡陀起伏間；而灌木叢林，蒙茸山麓，未經刪治如今日者則無疑也。……

魯迅到仙臺以後，有一次給我通信，還提及《天演論》，開個玩笑。大意是說仙臺氣候寒冷，每天以入浴取暖。而仙臺浴堂的構造，男女之分，只隔著一道矮的木壁。信中有云：「同學陽狂，或登高而窺裸女。」自註：「昨夜讀《天演論》，故有此神來之筆！」

嚴氏譯《天演論》，自稱達旨。為什麼稱達旨呢？只要取赫胥黎的原本——《進化和倫理學》，和嚴氏所譯一對照，便可了然。原本中只是一節，而譯本擴充為一篇。達是達了，究竟不能說是譯書的正法。他又譯穆勒的《名學》，亞丹斯密的《原富》，斯賓塞的《群學肄言》，甄克思的《社會通詮》，較為進步。總之，他首開風氣，有篳路藍縷之功。魯迅時常稱道他的「一名之立，旬月踟躕，我罪我知，是存明哲」，給他一個輕鬆的綽號，叫做「不佞」。——魯迅對人，多喜歡給予綽號，總是很有趣的。後來，我們讀到章太炎先生的《社會通詮商兌》，有云：

> 就實論之，嚴氏固略知小學，而於周秦兩漢唐宋儒先之文史，能得其句讀矣。然相其文質，於聲音節奏之間，猶未離於帖括。申夭之態，回覆之詞，載飛

載鳴，情狀可見，蓋俯仰於桐城之道左，而未趨其庭廡者也……

從此魯迅對於嚴氏，不再稱「不佞」，而改稱「載飛載鳴」了。

林紓譯述小說有百餘種之多，也是首開風氣的事業。他不諳原文，系經別人口述，而以古文筆法寫出。出版之後，魯迅每本必讀，而對於他的多譯哈葛德和科南道爾的作品，卻表示不滿。他常常對我說：「林琴南又譯一部哈葛德！」又因其不諳原文，每遇敘難狀之景，任意刪去，自然也不以為然。

嚴林二人之外，有蔣智由，也是一位負盛名的維新人物而且主張革命的。他居東頗久，我和魯迅時常同往請教的，尤其在章先生上海入獄的時候。他當初還未剪辮，喜歡戴一頂圓頂窄檐的禮帽，通俗所謂紳士帽者是。他的詩文清新，為人們所傳誦，例如《送匋耳山人歸國詩》——

亭皋飛落葉，鷹隼出風塵。
慷慨酬長劍，艱難付別尊。

敢云吾髮短，要使此心存。
萬古英雄事，冰霜不足論！

匋耳山人指吾友陶煥卿，歸國是為的運動革命。煥卿名成章，是一位革命元勛，留學未久，即行返國。生平蓬頭垢面，天寒時，用草繩做衣帶，芒鞋日行八九十里，運動浙東諸縣的豪俊起義，屢遭危難，而所向有功。又游南洋群島，運動僑民。辛亥年自爪哇歸時，浙江已反正了，舉湯壽潛為都督了，煥卿被任為參議，鬱鬱不得志，自設光復軍總司令部於上海，募兵，為忌者所暗殺。我撰輓聯有云：「看今日江山光復，如火如荼，到處染我公心血。」觀雲這首詩的頭兩句，就很能映出煥卿的時代背景及其一鳴驚人的神采。

又有一首是：

金陵有閣祀湘鄉曾氏，懸額：「江天小閣坐人豪」，有人以擘窠大字題其上曰：「此殺我同種漢賊會國藩也。」詩以記之。

「江天小閣坐人豪」，收拾河山奉滿朝。贏得千秋題漢賊，有人史筆已如刀。

可是有一次，蔣氏談到服裝問題，說滿清的紅纓帽有威儀，而指他自己的西式禮帽則無威儀。我們聽了，頗感奇怪。辭出之後，魯迅便在路上說：「觀雲的思想變了。」我點點頭。我們此後也不再去。果然，不久便知道他和梁啟超組織政聞社，主張君主立憲了。於是魯迅便給他一個綽號——「無威儀」。

# 四《浙江潮》撰文

一九〇二年春，革命元勛章太炎先生避地東京，和中山先生會見，英傑定交，同謀革命，同時發起「中夏亡國二百四十二年紀念會」以勵光復，並且撰書告留學生，極為沈痛。有云：「……願吾滇人無忘李定國，願吾閩人無忘鄭成功，願吾越人無忘張煌言，願吾桂人無忘瞿式耜，願吾楚人無忘何騰蛟，願吾遼人無忘李成梁！……」魯迅那時已在東京，當然受到這位革命元勛的莫大的影響。

翌年，章先生在滬，又和同志公開講演革命，講稿輒在《蘇報》上發表，後來竟成了轟動全國的「《蘇報》案」。章先生和鄒容雖因此而入獄，然而革命黨的聲氣從此大盛，和清政府對質於公堂，儼然成了敵國之勢。這時候，東京方面，雜誌雲起，《浙江潮》也出世了。命名之始，就起了兩派的爭執；溫和的一派主張用浙江同鄉會月刊之類，激烈的一派大加反對，主張用這個名稱，來作革命潮洶湧的象徵。起初由孫江東、蔣百里二人主編。百里撰《發刊詞》，有云：「忍將冷眼，睹亡國於生前，剩有雄魂，發大聲於海上。」其最引人注意的，是登載章先生獄中的詩四首，最為魯迅所愛誦，現錄兩首於下：

## 獄中聞湘人楊度被捕有感二首（六月十八日）

神狐善埋搰，高鳥喜迴翔。
保種平生願，征科絕命方。
馬肝原識味，牛鼎未忘香。
千載《湘軍志》，浮名是鎖韁。

衡岳無人地，吾師洪大全。
中興沴諸將，永夜遂沉眠。
長策唯干祿，微言是借權。

借君好頸子，來者一停鞭。

還有章先生的《張蒼水集後序》，也是魯迅所愛誦的，其末段有云：

……乃夫提師數千，出入江海，一呼南畿，數郡皆蒲伏，至江淮魯衛諸豪，悉詣軍中受約束，群虜讋栗，喪氣而不敢動。若公者，非獨超躍史何諸將相，雖宋之文李，猶愧之矣。餘生後於公二百四十歲，公所撻伐者益衰。然戎夏之辨，九世之仇，愛類之念，猶湮鬱於中國。雅人有言：「我不見兮。言從之邁」，欲自殺以從古人也。余不得遭公為執牧圉，猶得是編叢雜書數札，庶幾明所鄉往。有讀公書而猶忍與彼虜終古者，非人也！

這時我和魯迅已經頗熟，我覺得他感到孤寂，其實我自己也是孤寂的。剛剛為了接編《浙江潮》，我便向他拉稿。他一口答應，隔了一天便繳來一篇——《斯巴達之魂》。他的這種不謙讓、不躲懶的態度，與眾不同，諾言之迅和撰文之迅，真使我佩服！這篇文是少年作，借斯巴達的故事，來鼓勵我們民族的尚武精神。後來他雖自慚幼稚，其實天才沒有不從幼稚生長來的。文中敘將士死戰的勇敢，少婦斥責生還者的嚴厲，使千載以下的讀者如見其人！

魯迅又撰一篇《說》，這是新元素「鐳」的最初的紹介。那時候「鐳」剛剛被居李維婦發見，魯迅便作文以餉國人，並且喚起純粹科學研究的重要。

# 五　仙臺學醫

魯迅往仙臺學醫的動機有四：我在《魯迅的生活》和《回憶魯迅》文中已經敘明了。別後，他寄給我一張照片，後面題著一首七絕詩，有「我以我血薦軒轅」之句，我也在《懷舊》文中，首先把它發表過了。現在只想從他的儀容和風度上追憶一下：

魯迅的身材並不見高，額角開展，顴骨微高，雙目澄清如水精，其光炯炯而帶著幽鬱，一望而知為悲憫善感的人。兩臂矯健，時時屏氣曲舉，自己用手撫摩著；腳步輕快而有力，一望而知為神經質的人。赤足時，常常盯住自己的腳背，自言腳背特別高，會不會是受著母親小足的遺傳呢？總之，他的舉動言笑，幾乎沒有一件不顯露著仁愛和剛強。這些特質，充滿在他的生命中，也洋溢在他的作品上，以成為偉大的作家，勇敢的鬥士——中華民族的魂。

他的觀察很銳敏而周到，彷彿快鏡似的使外物不能遁形。因之，他的機智也特別豐富，文章上固然隨處可見，談吐上尤其層出不窮。這種談鋒，真可謂一針見血，使聽者感到痛快，有一種澀而甘、辣而腴的味道。第三章所舉給人綽號，便是一個例子。吾友邵銘之聽他的談話，曾當面評為「毒奇」。魯迅對這「毒奇」的二字評，也笑笑首肯的。

他在醫學校，曾經解剖過許多男女老幼的屍體。他告訴我：最初動手時，頗有不安之感，尤其對於年輕女子和嬰孩幼孩的屍體，常起一種不忍破壞的情緒，非特別鼓起勇氣，不敢下刀。他又告訴我：胎兒在母體中的如何巧妙，礦工的炭肺如何墨黑，兩親花柳病的貽害於小兒如何殘酷。總之，他的學醫，是出於一種尊重生命和愛護生命的宏願，以便學成之後，能夠博施於眾。他不但對於人類的生命，這樣尊重愛護，推而至於渺小的動物亦然。不是《吶喊》裡有一篇《兔和貓》，因為兩個小白兔不見了，便接連說一大段淒涼的話嗎？從這一點就可以看出魯迅的偉大之心！

他學醫的成績很不錯，引起同學們一度的嫉妒和侮辱，記得他的《朝花夕拾》裡曾經提到。吾友謝似顏覺得最可注意的，是他的倫理學成績在優等。這話很切當。可見魯迅不但在說明科學，研究有得，而且在規範科學，也是聚精會神，恢恢乎遊刃有餘。因之客觀方面既能說明事實的所以然，主觀方面又能判斷其價值。以之知人論世，所以能切中肯綮；以之與人辯駁，所以能論據確鑿，自立於不敗之地；以之運用於創作，又每有雙管齊下之妙。這種造詣，非有得於規範科學，洞悉真善美的價值判斷者萬不能達到的。

魯迅學醫時期的軼事，像水戶下車去訪朱舜水的遺蹟呀，火車上讓座給老婦人，弄得後來口渴想買茶而無錢呀，記得我已經發表過，無須再贅。現在忽然記起一件和我有關的故事來了。

一九〇五年春，我在東京高師學校讀完了預科，趁這櫻花假期，便和錢均夫二人同往箱根溫泉，打算小住十天，做點譯書的工作。路上偏遇到大雨，瀑布高高地飛著，雲被忽然來裹住了，景色實在出奇。所以我住下旅館，就寫了好幾張明信片，寄給東京的友人何燮侯、許緘夫、陳公孟、魯迅等——魯迅在春假中，也來東京，和我同住，不過他學校的假期短，須早回仙臺去——報告寓址和冒雨旅行的所見。隔了一二日，收到友人的回片，或稱我們韻人韻事，或羨我們飽享眼福，我看了不以為意。後來，公孟忽然到了，魯迅也跟著來了。我自然不以為奇。大家欣然圍坐談天，直到夜半。第二天結伴登山，游「蘆之湖」，路上還有冰雪的殘塊，終於爬到山頂。這個湖是有名的囪口湖——我譯火山為地囪，譯火山噴口為囪口——真是天開圖畫，風景清麗絕了。一排的旅館臨湖建築著，我們坐在陽臺上，只見四山環抱這個大湖，正面形成一個缺口，恰好有「白扇倒懸東海天」的「富士山」遠遠地來補滿。各人入浴既了，坐對「富士」，喝啤酒，吃西餐，其中炸魚的味道最鮮美，各人都吃了兩份。真的，一直到現在，我實在再沒有吃到這裡似的好魚。興盡下山，大家認為滿意，不虛此行。

誰知道公孟之來，原是有「特務」的。因為有章某向同鄉造謠，說我們是為的

「藏嬌」到箱根去的。同鄉友人們不相信，公孟也不信，卻自告奮勇，要得個真相。魯迅也不信，說假使真的「藏嬌」，還會自己來報告寓址嗎？天下沒有這樣傻瓜！果然，後來情形大白了，同鄉友人們均鄙視這造謠的人。這件事隔了好久，魯迅才對我說穿，我們相視大笑！

# 六　辦雜誌、譯小說

魯迅在弘文學院的時候，常常和我討論下列三個相關的大問題：

一、怎樣才是最理想的人性？

二、中國國民性中最缺乏的是什麼？

三、它的病根何在？

他對這三大問題的研究，畢生孜孜不懈，後來所以毅然決然放棄學醫而從事於文藝運動，其目標之一，就是想解決這些問題，他知道即使不能驟然得到全部解決，也求於逐漸解決上有所貢獻。因之，辦雜誌、譯小說，主旨重在此；後半生的創作數百萬言，主旨也重在此。茅盾先生說得好：

……我看到了古往今來若干偉大的 Humanist 中間一個——魯迅先生！

古往今來偉大的文化戰士，一定也是偉大的 Humanist；換言之，即是「最理想的人性」的追求者，陶冶者，頌揚者。……正因為他們所追求而闡揚者，是「最理想的人性」，所以他不得不抨擊一切摧殘，毒害，蔽塞「最理想的人性」之發展的人為的枷鎖——一切不合理的傳統的典章文物。這是各時代各民族的 Humanist 所相同的。而魯迅先生，則於「同」中更有其特殊者在。這特殊的什麼，乃是擁有五千年悠久歷史而現在則鐐索重重的「東方文明」古國之歷史的與現實的條件所產生而養育的。講到什麼是「最理想的人性」，中國儒者流確已說得很多；然而這些美麗動聽的詞句，經過現實的天平，就露了馬腳。魯迅先生指出了「吃人的禮教」，就是批判數千年最有力的美麗動聽的儒家的「最理想的人性」的圖案和規章，而追問著：「怎樣才是最理想的人性？」

一切偉大的 Humanist 的事業，一句話可以概括，拔出「人性」中的蕭艾，培養「人性」的芝蘭。然而不是每個從事於這樣事業的人都明白認出那些「蕭艾」

是在什麼條件之下被扶植而滋長，又在什麼條件之下，那些「芝蘭」方能含葩挺秀。中國古來的哲人，最缺乏者，就是此種明白的認識。「人性」或「最理想的人性」，原無時空的限制，然而在一定的時間條件之中，會形成「人性」的同中之異，此即所謂國民性或民族性。……

魯迅先生三十年工夫的努力，在我看來，除了其他重大的意義外，尚有一同樣或許更重大的貢獻，就是給三個相聯的問題開創了光輝的道路。……（《中蘇文化》第九卷第二三期合刊——茅盾：《最理想的人性》）

魯迅想辦雜誌而未成，記得《吶喊》自序上已有說明：出版期快到了，但最先就隱去了若干擔任文稿的人，接著又逃走了資本，結果只餘下不名一錢的三個人。這三個人乃是魯迅及周作人和我。這雜誌的名稱，最初擬用「赫戲」或「上征」，都採取《離騷》的詞句，但覺得不容易使人懂，才決定用「新生」這二字，取新的生命的意思。然而有人就在背地取笑了，說這會是新進學的秀才呢。我還記得雜誌的封面及文中插圖等等，均已經安排好好的，可惜沒有用；而魯迅做事的井井有條，絲毫不苟，很值得敬佩。

後來他在《河南》雜誌撰文，如《科學史教篇》《摩羅詩力說》等，和他的少年作相較已經大有進步了，他深深地慨嘆中國的無聲，歷史上雖偉大作家如屈原，抱九死無悔之貞，而乏反抗挑戰之力，這不能不說是國民性缺點之一。有云：

……唯靈均將逝，腦海波起，通於汨羅，返顧高丘，哀其無女，則抽思哀怨，郁為奇文。茫洋在前，顧忌皆去，懟世俗之渾濁，頌己身之修能，懷疑自遂古之初，直至百物之瑣末，放言無憚，為前人所不敢言。然中亦多芳菲淒惻之音，而反抗挑戰，則終其篇未能見，感動後世，為力非強。劉彥和所謂「才高者菀其鴻裁，中巧者獵其豔辭，吟諷者銜其山川，童蒙者拾其香草」，皆著意外形，不涉內質，孤偉自死，社會依然，四語之中，函深哀焉，故偉美之聲，不震吾人之耳鼓者，亦不始於今日。（《摩羅詩力說》）

魯迅編譯《域外小說集》二冊，實在是中國介紹和翻譯歐洲新文藝的第一人，我在《魯迅的生活》中已經論及，現在從略。

# 七　從章先生學

章太炎先生是革命元勛，同時是國學大師。他的學術之大，可謂前無古人。拙著《章炳麟傳》（勝利出版社印行）的序言中說：

……試看滿清一代的學術，唯有語言文字之學，就是所謂小學，的確超軼前賢，光芒萬丈，其餘多是不振的。其原因就在滿洲入關以後，用種種凶暴陰險的手段來消滅我們漢族的民族意識。我們看了足以驚心動魄，例如興文字獄呀，焚書呀，刪改古書呀。民多忌諱，所以歌詩文史趨於枯窳；愚民策行，所以經世實用之學也復衰竭不堪。使一般聰慧的讀書人，都只好鑽入故紙堆裡，做那考據訓詁的學問。獨有先生出類拔萃，雖則他的入手工夫也是在小學，然而以樸學立根基，以玄學致廣大，批判文化，獨具慧眼，凡古今政俗的消息，社會文野的情狀，中印聖哲的義諦，東西學人的所說，莫不察其利病，識其流變，觀其會通，窮其指歸。「千載之祕，睹於一曙。」這種絕詣，在清代三百年學術史中沒有第二個人。

章先生出獄以後，東渡日本，一面為《民報》撰文，一面為青年講學，其講學之地，是在大成中學裡一間教室。我和魯迅極願往聽，而苦與學課時間相衝突，因托龔未生(名寶銓)轉達，希望另設一班，蒙先生慨然允許。地址就在先生的寓所——牛込區二丁目八番地《民報》社，每星期日清晨，我們前往受業，在一間陋室之內，師生環繞一張矮矮的小桌，席地而坐。先生講段氏《說文解字注》，郝氏《爾雅義疏》等，神解聰察，精力過人，逐字講釋，滔滔不絕，或則闡明語原，或則推見本字，或則旁證以各處方言。自八時至正午，歷四小時毫無休息，真所謂「誨人不倦」。其闡明語原，例如說，天得聲於囟，地得聲於也：

> 「說文」，囟，頭會腦蓋也。象形。……囟變為天顛，猶一孳乳為真，齒音斂

為舌音也。天，顛也；顛，頂也。……天為人頂，引伸為蒼蒼者，猶也為女陽，孳乳為地也，初只作卤也而已……（詳見《章氏叢書・文始》卷三，卤字）

「說文」，也，女陰也。從乁。象形。乁亦聲。此合體象形也。秦刻石作芒孳乳為地，重濁陰為地。古文地當只作也。……人體莫高於頂，莫下於陰（原注，足雖在下，然四支本可㫄舒，故足不為最下，以陰為極），故以題號乾坤。（詳見《文始》卷一，也字）

其推見本字，例如說「蟬嫣」「蟬聯」，蟬都是單之借。因為《詩經》「其軍三單」，《毛傳》訓襲，乃是單字的本義。何謂「三單」？說經者以為三辰之旂，未諦。乃是說更番徵調，以後至者充前人之缺，猶今時常備、後備、預備之制，這是先生的創獲之一。

……單訓為襲，是其本義。古文作Y，像其系聯也。小篆為單，象古文變其形。《釋天》：太歲在卯曰單閼。」孫炎作蟬焉。《方言》：「蟬，聯也」。《楊雄傳》曰：「有周氏之蟬嫣」。蟬嫣訓連，連續即相襲義；此借蟬為單也。《孟子》

曰：「唐虞禪。」《漢書·文帝記》曰：「嬗天下。」禪本封禪，嬗本訓諼，今以此為繼位之義，亦借為單。禪位猶言襲位也。明此，則毛公訓單為襲，斯為本義。其軍三單者，更番徵調，猶卒更，踐更，過更之制，其事易明。……《說文》訓大，及之假借也。（《太炎文錄》卷一《與尤瑩問答記》，並參閱同卷《毛公說字述》及《文始》卷一，單字）

其旁證方言，例如今言「甚麼」即「舍」之切音；今言「光譙」即「矜」之切音；元寒戈歌對轉，即今言蘩菜聲如菠菜；古無輕唇音，故蜚虿本讀畢虿。（詳見《章氏叢書·新方言》）

章先生講書這樣活潑，所以新誼創見，層出不窮。就是有時隨便談天，也復詼諧間作，妙語解頤。其《新方言》及《小學答問》兩書，都是課餘寫成的，其體大思精的《文始》，初稿也起於此時。我們同班聽講的，是朱蓬仙（名宗萊），龔未生，錢玄同（夏），朱逷先（希祖），周豫才（樹人，即魯迅），周起孟（作人），錢均夫（家治），和我共八人。前四人是由大成再來聽講的。聽講時，以逷先筆記為最勤：談天時以玄同說話為最多，而且在席上爬來爬去。所以魯迅給玄同的綽號曰「爬來爬去」。

魯迅聽講，極少發言。只有一次，因為章先生問及文學的定義如何，魯迅答道：「文學和學說不同，學說所以啟人思，文學所以增人感。」先生聽了說：這樣分法雖較勝於前人，然仍有不當。郭璞的《江賦》，木華的《海賦》，何嘗能動人哀樂呢。魯迅默然不服，退而和我說：先生詮釋文學，範圍過於寬泛，把有句讀的和無句讀的悉數歸入文學。其實文字與文學固當有分別的，《江賦》《海賦》之類，辭雖奧博，而其文學價值就很難說。這可見魯迅治學「愛吾師尤愛真理」的態度！

# 八　西片町住屋

一九〇八年春，我結束了東京高師的課業，打算一面補習國文，仍舊就學於章先生之門，一面續習德文，準備往歐洲留學。為要選擇一個較優的環境，居然在本鄉區西片町尋到一所華美的住宅。這原是日本紳士的家園，主人為要遷居大阪，才租給我的。規模宏大，房間新潔而美麗，庭園之廣，花木之繁，尤為可愛，又因為建築在坂上，居高臨下，正和小石川區的大道平行，眺望也甚佳。我招了魯迅及其弟起孟、錢均夫、朱謀宣共五人居住，高大的鐵門旁邊，電燈上署名曰「伍舍」。

西片町是有名的學者住宅區，幾乎是家家博士，戶戶宏儒。我們的一家偏是五個學生同居。房屋和庭園卻收拾得非常整潔，收房租的人看了也很滿意。由西片町一拐灣出去，便是東京帝大的所在，赫赫的赤門，莘莘的方帽子群進群出。此地一帶的商店和電車，多半是為這些方帽子而設的。方帽子越是破舊的，越見得他的年級高，資格老，快要畢業了。

魯迅從小愛好植物，幼年時喜歡看陳淏子的《花鏡》等書，常常到那愛種花木的遠房叔祖的家，賞玩稀見的植物。又在《朝花夕拾》裡，描寫幼年讀書的家裡，一個荒廢的「百草園」，是何等有趣而足以留連！他在弘文學院時代，已經買了三好學的《植物學》兩厚冊，其中著色的插圖很多。所以他對於植物的培養有了相當的素養。伍舍的庭園既廣，隙地又多，魯迅和我便發動來種花草，尤其是朝顏即牽牛花，因為變種很多，花的色彩和形狀，真是千奇百怪。每當曉風拂拂，晨露湛湛，朝顏的笑口齊開，作拍拍的聲響，大有天國樂園去人不遠之感。傍晚澆水，把已經開過的花蒂一一摘去，那麼以後的花輪便會維持原樣，不會減小。其餘的秋花滿地，蟋蟀初鳴，也助我們的樂趣！

魯迅生平極少遊玩。他在仙臺時，曾和同學游過一次松島，有許多張海上小島的松林雪景的照片給我看。在東京伍舍時，有一次我和他同遊上野公園看櫻花，還是因為到南江堂購書之便而去的。上野的櫻花確是可觀，成為一大片微微帶紅色的雲彩。花下的茶肆，接席連茵，鋪以紅氈，用清茶和櫻餅餉客，記得袁文藪曾有《東遊詩草》，第一首便是詠上野櫻花的：

阿誰為國竭孤忠，銅像魁梧「上野通」，
幾許行人齊脫帽，櫻花叢裡識英雄。

「上野通」是上野大道的意思，西鄉隆盛的銅像建立在公園中，日本人對他沒有一個不脫帽致敬的。

我和魯迅不但同居，而且每每同行，如同往章先生處聽講呀；同往讀德文呀——那時俄文已經放棄不讀了；又同訪神田一帶的舊書鋪，同訪銀座的規模宏大的丸善書店呀。因為我們讀書的趣味頗濃厚，所以購書的方面也頗廣泛，只要囊中有錢，便不惜「孤注一擲」，每每弄得懷裡空空而歸，相對嘆道：「又窮落了！」這些苦的經驗，回憶起來，還是很有滋味的。

可惜好景不常，盛會難再，到冬時，荷池枯了，菊畦殘敗了，我們的伍舍也不能支持了——因為同住的朱錢兩人先退，我明春要去德國，所以只好退租。魯迅就在西片町，覓得一所小小的賃屋，預備我們三個人暫時同住，我走以後，則他們兄弟二人同住。我那時對於伍舍，不無留戀，曾套東坡的詩句成了一首《留別伍舍》，如下：

「荷盡已無擎雨蓋，菊殘猶有傲霜枝。」
壺中好景長追憶，最是朝顏裏露時。

# 九　歸國在杭州教書

一九〇九年初春，留歐學生監督蒯禮卿辭職，我的學費無著了，只好把歐遊臨時終止，歸國來擔任浙江兩級師範學堂的教務長了。魯迅對我說：「你回國很好，我也只好回國去，因為起孟將結婚，從此費用增多，我不能不去謀事，庶幾有所資助。」他托我設法，我立刻答道：「歡迎，歡迎！」我四月間歸國就職，招生延師，籌備開學。其時新任監督是沈衡山先生，對於魯迅一薦成功，於是魯迅就在六月間歸國來了。我在《關於〈弟兄〉》文中，有一段說道：

……魯迅在東京不是好好地正在研究文藝，計劃這樣，計劃那樣嗎？為什麼要「歸國，任浙江兩級師範學堂生理學化學教員」呢？這因為作人那時在立教大學還未畢業，卻已經和羽太信子結了婚，費用不夠了，必須由阿哥資助，所以魯迅只得自己犧牲了研究，回國來做事。魯迅《自傳》中，所謂「終於，因為我的母親和幾個別人很希望我有經濟上的幫助，我便回到中國來」。「幾個別人」者，作人和羽太信子也。……

魯迅教書是循循善誘的，所編的講義是簡明扼要，為學生們所信服。他燈下看書，每至深夜，有時還替我譯講義，繪插圖，真是可感！到了冬天，學校裡忽然起了一個風潮，原因由於監督易人：衡山先生被選為諮議局副議長了，繼任者是一位以道學自命的夏震武，我們名之日「夏木瓜」。到校的一天，他要我陪同謁聖，我拒絕了，說開學時已經拜過孔子，恕不奉陪。他很不高興，我也如此。接著因為他對於住堂的教員們，僅僅差送一張名片，並不親自拜會，教員們大嘩，立刻集會於會議廳，請他出席，他還要擺臭架子，於是教員們一哄而散。我因為新舊監督接替未了，即向舊監督辭職，不料教員們也陸續辭職，魯迅便是其中之一。教員計有朱希祖，夏丏尊，章嵚，張宗祥，錢家治，張邦華，馮祖荀，胡濬濟，楊乃康，沈朗齋……通通搬出了校舍，表示決絕。夏震武來信罵我是「離經畔（叛）道，非聖侮法」，簡直是要砍頭的罪名；我便報以「理學欺人，大言誣實」。使得他只好勉強辭職，我們便回校，回校後開了一個「木瓜紀念會」。

魯迅最富於正義感，義之所在，必盡力以赴，不畏強禦而強禦畏之。那時候他在家鄉也遇到這樣的事：他的外家在安橋頭，《社戲》中所描寫的鄉間景色，便是這裡的景色。其舅氏魯寄湘是個書生而擅長中醫，和中藥店夥章某相友善。章某慫恿他在鎮塘殿開個藥店，章某自薦可以任經理；其地離安橋頭不過三里，舅氏可以隨時前往，為人診病，以資消遣；言之成理，小店遂開成了。不料章某自便私圖，在幾個月內就盜弄一空，舅氏看事無可為，趕快把店鋪收歇了。章某還不滿意，看得舅氏忠厚可欺，又慫恿孫斷市有大勢力的孫某，假借市商務分會的名義來反對歇業，定期開會，通知舅氏出席，打算和他為難。舅氏大窘，特地來和魯迅商量對付之法。魯迅說這事理直氣壯，毫無可怕，我就可做你的代表出席。屆時，魯迅便單身獨往，等候到晚，竟沒有一個人來會，魯迅自行回去了，此事也就風平浪靜了。

魯迅極少遊覽，在杭州一年之間，遊湖只有一次，還是因為應我的邀請而去的。他對於西湖的風景，並沒有多大興趣。「保俶塔如美人，雷峰塔如醉漢」，雖為人們所豔稱的，他卻只說平平而已；煙波千頃的「平湖秋月」和「三潭印月」，為人們所留連忘返的，他也只說平平而已。

# 一〇 入京和北上

中華民國元年（1912年）一月一日臨時政府成立，定都南京，蔡子民先生任教育總長。其時一切草創，規模未具，部中供給膳宿，每人僅月支三十元。我被蔡先生邀至南京幫忙，草擬各種規章，冂不暇給，乘間向蔡先生推薦魯迅。蔡說：「我久慕其名，正擬馳函延請，現在就托先生——蔡先生對我，每直稱先生——代函敦勸，早日來京。」我即連寫兩封信給魯迅，說蔡先生殷勤延攬之意。魯迅在《朝花夕拾．範愛農》有說：

……然而事情很湊巧，季茀寫信來催我往南京了。愛農也很贊成，但頗淒涼，說：

「這裡又是那樣，住不得，你快去罷……」

我懂得他無聲的話，決計往南京。

不久，魯迅來京了，我們又復聚首，談及故鄉革命的情形，多屬滑稽而可笑。我們白天則同桌辦公，晚上則聯床共話，暇時或同訪圖書館，魯迅借抄《沈下賢集》《唐宋傳奇集》所收的《湘中怨辭》《異夢錄》《秦夢記》，就在這時抄寫的。或同尋滿清駐防旗營的廢址，只看見一片焦土，在瓦礫堆中，有一二年老的滿洲婦女，住在沒有門窗的破屋裡，蠕蠕而動，見了我們，其驚懼似小鼠，連說沒有什麼，沒有什麼。魯迅為我講述當年在路礦學堂讀書，騎馬過旗營時，老是受旗人的欺侮，言下猶有餘恨。後來蔡先生被命北上，迎接袁世凱去了，次長景耀月來代理部務。此人好大喜功，只知擴充自己勢力，引用私人，忽然開會議要辦雜誌了，魯迅不很睬他，他也太不識人，據說暗中開了一大張名單，送請大總統府任命，竟把周樹人的姓名無端除去。幸而蔡先生就回來了，趕快把這件事撤銷，否則鬧成大笑話了。

四月中，我和魯迅同返紹興，五月初，同由紹興啟程北上，還有蔡谷清和舍侄世瑢同行。記得在上海登輪之前，魯迅買了一部有正書局出版的《紅樓夢》，以備船中翻閱。在分配艙位時，魯迅忽發妙語說：「我睡上鋪，谷清是被烏龜背過了的，我不願和他同房。」於是他和舍侄住一間，我和谷清住一間。至於「烏龜背過」，乃係引用谷清的自述，說從前在北京時，曾到八大胡同妓院吃花酒，打茶圍，忽遇驟雨，院中積水，無法出門了，由妓院男子背負涉水而出。魯迅偶然想起提出，也是一種機智，令人發笑。

到京後，同住山會邑館，其時已改為紹興會館，先兄銘伯先生原居在此——嘉蔭堂，現在我們兄弟二人同住，舍侄住對面的綠竹舫，魯迅住藤花館。先兄和魯迅一見如故，談話很投機，此後過從也很密。魯迅看見先兄的書桌上，放置著《越中先賢祠目序例》多冊，便索取了一冊去，這是到京館第一天的印象。

《越中先賢祠目序例》，會稽李慈銘編撰。祠目以西漢的西域都護鄭吉為首，直至清代為止，自言選擇審慎，唯其擯斥王充，見解殊嫌迂陋。祠屋門口的楹聯，也是慈銘所撰，徵引鄉邦文獻，自鑄偉辭，可見工力。現在抄錄於下：

溯君子六千人，自教演富中，酈水脂舟，魁奇代育，有謝氏傳，賀氏贊，虞公典錄，鍾離後賢，暨孫問王賦以來，接跡至熙朝，東箭南璆，三管豪崙長五色。

表鎮山一十道，更瑞圖王會，篢金函玉，鍾毓尤靈，況漸名江，鏡名湖，宛委洞天，桐柏仙室，應婺宿門維而起，翹英遍京國，殊科合轍，一堂輦下共千秋。

魯迅籍隸會稽，對於鄉邦文獻，也是很留意的。李週二人，後先輝映，實為吾越之光。魯迅撰集先賢的逸文，足供後人瞻仰景行，所刊的《會稽郡故書雜集》，便是一個例子。其序文有曰：

……是故序述名德，著其賢能，記注陵泉，傳其典實，使後人穆然有思古之情，古作者之用心至矣！其所造述雖多散亡，而逸文尚可考見一二。存而錄之，或差勝於泯絕云爾。因復撰次寫定，計有八種。諸書眾說，時足參證本文，亦各最錄，以資省覽。書中賢俊之名，言行之跡，風土之美，多有方志所遺，舍此更不可見。用遺邦人，庶幾供其景行，不忘於故。……

文中所謂八類，是謝承的《會稽先賢傳》，虞預的《會稽典錄》，鍾離岫的《會稽後賢傳記》，賀氏的《會稽先賢像贊》，朱育的《會稽土地記》，賀循的《會稽記》，孔靈符的《會稽記》，夏侯曾先的《會稽地誌》。這部《會稽郡故書雜集》，民國三年用周作人的名刊行，即此就可以見得魯迅的犧牲精神，而以名利讓給其弟。

# 一一　提倡美術

教育總長蔡孑民先生就職以後，即竭力提倡「以美育代宗教」，因為美感是普遍性，可以破人我彼此的偏見；美感是超越性，可以破生死利害的顧忌，在教育上應特別注重。在政務百忙之中，自撰《對於教育方針之意見》，說：「教育界所提倡之軍國民主義及實利主義，固為救時之必要，而不可不以公民道德為中堅；欲養成公民道德，不可不使有一種哲學上之世界觀與人生觀，而涵養此等觀念，不可不注重美育。」又說：「美育為美感之教育。美感者，合美麗與尊嚴而言之，介乎現象世界與實體世界之間而為津梁。……在現象世界，凡人皆有愛惡驚懼喜怒哀樂之情，隨離合生死禍福利害之現象而流轉。至美術則以此等現象為資料，而能使對之者自美感以外，一無雜念。例如……火山赤舌，大風破舟，可駭可怖之景也，而一入圖畫則轉堪展玩。」

　　這種教育方針，當時能夠體會者還很寥寥，唯魯迅深知其原意；蔡先生也知道魯迅研究美學和美育，富有心得，所以請他擔任社會教育司第一科科長，主管圖書館、博物館、美術館等事宜。因之魯迅在民元教育部暑期演講會，曾演講美術，深入淺出，要言不煩，恰到好處，這是他演講的特色。他並且寫出一篇簡短的文言文，登載在教育部民元出版的一種匯報。這匯報只出了兩冊，便中止了。我近年來遍搜未得，耿耿於心——廿七年（1938年）編印的《魯迅全集》內未經收入。記得魯迅這篇文章之中，說到刻玉為楮葉，可以亂真，桃核雕文章，可逾千字，巧則巧矣，不得謂之美術。深願在最近的將來，這兩冊匯報，能夠覓到，也是搜逸補遺的一種工作。

　　魯迅的愛好藝術，自幼已然，愛看戲，愛描畫；中年則研究漢代畫像；晚年則提倡版畫，工作的範圍很廣，約略言之：（一）蒐集並研究漢魏六朝石刻，不但注意其文字，而且研究其畫像和圖案，是舊時代的考據家賞鑒家所未曾著手的。他曾經告訴我：漢畫像的圖案，美妙無倫，為日本藝術家所採取。即使是一鱗一爪，已被西洋名家交口讚許，說日本的圖案如何了不得，了不得，而不知其淵源固出於我國的漢畫呢。（二）蒐集並印行近代木刻，如《北平箋譜》等。（三）獎掖中國青年木刻家，不但創辦木刻講習會，自己擔任口譯，使他們得以學習；創開各國名畫展覽會，使他們有所觀摩；對於本國新進者的作品，鼓舞批評，不加客氣。（四）介紹外國進步作家的版畫，例如精印《凱綏．珂勒惠支版畫選集》，這位有丈夫氣概的女子作品實在偉大，這木精印的選集實可寶貴，「只要一翻這集子，就知道她以深廣的慈母之愛，為一切被侮辱和損害者悲哀，抗議，憤怒，鬥爭；所取的題材大抵是困苦，饑餓，流離，疾病，死亡，然而也有呼號，掙扎，聯合和奮起」（《且介亭雜文末編》，〈凱綏．珂勒惠支版畫選集〉序目）。

說到這本選集，永遠引起我的悲痛，記得廿五年（1936年）七月底，我從嘉興回北平，道經上海，往訪魯迅，盤桓了一日。這時候，他大病初癒，選集初初印得，裝訂成冊的還只有幾本，他便挑選了一本贈我，親手題幾行小啟，曰：「印造此書，自去年至今年，自病前到病後，手自經營，才得成就，持贈季茀一冊，以為紀念耳。」晚九時後，我將去上滬平夜車了，手執這本巨大寶貴的書，握手告別，又喜悅，又惆悵。景宋為我叫汽車，魯迅送我到門口，還問我幾時回南，那裡知道這便是永訣呢！痛哉！

# 一二　整理古籍和古碑

自民二（1913年）以後，我常常見魯迅伏案校書，單是一部《嵇康集》，不知道校過多少遍，參照諸本，不厭精詳，所以成為校勘最善之書。其序文有云：「……今此校定，則排擯舊校，力存原文。其為濃墨所滅，不得已而從改本者，則曰：字從舊校，以著可疑。義得兩通，而舊校輒改從刻本者，則曰：各本作某，以存其異。」並作《逸文考》《著錄考》各一卷附於末尾，便可窺見他的工夫的邃密。

老實說，魯迅對於漢魏文章，素所愛誦，尤其稱許孔融和嵇康的文章，我們讀《魏晉風度及文章與藥及酒之關係》（《而已集》），便可得其梗概。為什麼這樣稱許呢？就因為魯迅的性質，嚴氣正性，寧願覆折，憎惡權勢，視若蔑如，皓皓爲堅貞如白玉，懍懍焉勁烈如秋霜，很有一部分和孔嵇二人相類似的緣故。

此外，魯迅輯錄《謝承後漢書》，尚未印行。《會稽郡故書雜集》已說在前。又，搜輯並考證歷代小說史料，計有《古小說鉤沉》《唐宋傳奇集》《小說舊聞抄》三部，是他的《中國小說史略》的副冊。蒐羅的勤劬，考證的認真，允推獨步。近年來研究小說者雖漸次加多了，宋以後的史料雖有新獲了，但是搜輯古逸之功，還未見有能及魯迅的呢。

至於魯迅整理古碑，不但注意其文字，而且研究其圖案，已略述於前章。即就碑文而言，也是考證精審，一無泛語，如《南齊呂超墓誌跋》便是一例。這篇跋文，全集中未經收入——其實，魯迅的漢魏六朝石刻研究，書未完成，故不付印。我知道呂超墓誌石出土以後，經年即為舍親顧鼎梅所得，藏在杭州，舍親範鼎卿及魯迅均有跋文，考證詳明，兩人不謀而合。鼎梅曾將這兩篇跋文付石印，因即馳書商索，承其寄示，不禁狂喜。志文十五行，每行十九字，可釋者僅僅百餘字。現在先鈔可釋之字，後錄魯迅所撰全文如下：

# □□墓誌

故龍□將軍隋郡王國中軍呂府君諱超□□□
□東平人也胄興自姜奄有營北飛芳□□□□
□□□□□因官即邦今居會稽山陰縣□□□□
□□□□□□令譽早宣故孝弟出於天性□□
□□□□□□風猷日新而修豇有期春□□
□□□□□歲在已巳夏五月廿三日□□□
□□□□□一年冬十一月丙□□□□□□
□□□□□同錄中軍將軍劉□□□□□□□
□□□□金石□志風烈者□□□□□□□□
□□藹藹清猷白雲排岫出□□□□□□□□
□□嘉□知□應我□□□□□□□□□□□
□□□□其□春□□□□□□□□□□□□

□□□□□□□□□□□□□□□□□□
□□□□夕悄松□□□□□□□□□□□

## 魯迅跋文

呂超墓誌石，於民國六年出山陰蘭上鄉。余從陳君古遺得打本一枚，以漫漶難讀，久置篋中。明年徐呂先生至京師，又與一本。因得校寫，其文僅存百十餘字，國號年號俱泐，無可馮證。唯據郡名及歲名考之，疑是南齊永明中刻也。按隨國，晉武帝分義陽立，宋齊為郡，隋為縣。此云隋郡，當在隋前。南朝諸王分封於隨者唯宋齊有之。此云隋郡王國，則又當在梁陳以前。《通鑒目錄》，宋文帝元嘉六年，齊武帝永明七年，並太歲在己巳。《宋書·文帝紀》，元嘉二十六年冬十月，廣陵王誕改封隋郡王。又《順帝紀》，升明二年十二月改封南陽王翙為隨郡王，改隨陽郡，其時皆在己巳後。《南齊書·武帝紀》，建元四年六月，進封枝江公子隆為隨郡王。《子隆本傳》云，永明三年為輔國將軍，南琅琊彭城二郡太守，明年遷江州刺史，未拜，唐寓之賊平，遷為持節，督會稽東陽新安臨海永嘉五郡東中郎將，會稽太守。《祥瑞志》云，永明五年，山陰孔廣家園柽樹十二層，會稽太守隨王子隆獻之，與傳合。子隆嘗守會稽，則其封國之中軍，因官而居山陰，正事理所有。故此已巳者，當為永明七年。五月廿三為卒日。□一年者，十一年。《通鑑目錄》永明十一年十戊寅，十二月丁醜朔，則十一月為戊申朔，丙寅為十九日，其葬日也。和帝為皇子時，亦封隨郡王，於時不合。唐開元十八年己巳，二十一年十一月丙寅朔，與志中之□一年冬十一月丙寅頗近，然官號郡名，無不格迕，若為遷变，則年代相去又過遠，殆亦非矣。永明中，為中軍將軍見於紀傳者，南郡王長懋，王敬則，陰智伯，廬陵王子卿。此云劉□，泐其名，無可考。□志風烈者云以下無字。次為銘辭，有字可見者四行，其後尒石尚小半。六朝志例，銘大抵不溢於志，或當記妻息名字，今亦俱泐。志書隨為隋，羅泌云，隨文帝惡隨從辵改之。王伯厚亦譏帝不學。後之學者，或以為初無定製，或以為音同可通用，至征委蛇委隨作證。今此石遠在前，已如此作，知非隨文所改。《隸釋・張平子碑頌》，有「在珠詠隋，於壁稱和」語。隋字收在劉球《隸韻》正無疋，則晉世已然。作隨作隋作陏，止是省筆而已。東平本兗州所領郡，宋末沒於魏。《南齊害州郡志》，言永明七年，因光祿大夫呂安國啟立於北兗州。啟有云「臣賤族桑梓，願立此邦」，則安國與超蓋同族矣。與石同出壟中者，尚有瓦罌銅竟各一枚。竟有銘云：「鄭氏作鏡幽湅三商幽明鏡」十一字，篆書，俱為誰何毀失。附識於此，使後有考焉。

以上是魯迅跋文，考證工夫邃密如此！

范鼎卿跋文也很是詳贍，以史志互證，確定呂超的時代及卒葬月分，和魯迅所考全同。范跋有云：「文內有中軍將軍劉□□，其名已泐，當為撰志之人。今就精拓石本細審之，劉字下尚有玄字之筆道可辨。考《南齊書》有劉玄明者，臨淮人，為山陰令，大著名績，附傳琰傳。《南史》載劉玄明為山陰令，政為天下第一，終於司農卿。蓋呂超為山陰人，玄明曾宰是邑，與超有舊，故於葬時為之撰志，而其時玄明已任中軍將軍，未幾殆即改官司農矣（中軍將軍與司農卿，官秩並為第三品)。夫呂超為故鄉人物，而撰文者又屬前代名宦，則此志之可貴為何如也。」

# 一三　看佛經

民三（1914年）以後，魯迅開始看佛經，用功很猛，別人趕不上。他買了《瑜伽師地論》，見我後來也買了，勸我說道：「我們兩人買經不必重複。」我贊成，從此以後就實行，例如他買了《翻譯名義集》，我便不買它而買《閱藏知津》，少有再重複的了。他又對我說，「釋伽牟尼真是大哲，我平常對人生有許多難以解決的問題，而他居然大部分早已明白啟示了，真是大哲！」但是後來魯迅說：「佛教和孔教一樣，都已經死亡，永不會復活了。」所以他對於佛經只當做人類思想發達的史料看，藉以研究其人生觀罷了。別人讀佛經，容易趨於消極，而他獨不然，始終是積極的。他的信仰是在科學，不是在宗教。

魯迅最後給我的一封信，還說到佛教。我因為章先生逝世，寫了一篇《紀念先師章太炎先生》，中間引用先生「以佛法救中國」之言。魯迅看了，不以為然，寫信告訴我，另外說到紀念先生的方法，特抄錄於下：

季市兄：

得《新苗》，見兄所為文，甚以為佳，所未敢苟同者，唯在欲以佛法救中國耳。

從中更得讀太炎先生獄中詩，卅年前事，如在眼前。因思王靜安沒後，尚有人印其手跡；今太炎先生諸詩及「速死」等，實為貴重文獻，似差乘收藏者多在北平之便，匯印成冊，以示天下，以遺將來。故宮博物館（院）印刷局，以玻璃板印盈尺大幅，每百枚五元，然而五十幅一本，百本印價，不過二百五十元，再加紙費，總不至超出五百，向種種關係者募捐，當亦易集也。此事由兄發起為之，不知以為何如？

與革命歷史有關之文字不多，則書簡，文稿，冊葉，亦可收入，曾記有為兄作漢《郊祀歌》之篆畫，以為絕妙也。倘進行，乞勿言由我提議，因舊日同學，多已崇貴，而我為流人，音問久絕，殊不欲以此溷諸公之意耳。

賤恙時作時止，畢究如何，殊不可測，只得聽之。

專此布達，並請道安。

弟飛頓首

九月二十五日

這封信，在我所得魯迅給我的諸信中，是最後的一封。九月二十五日，離他十月十九日去世，僅僅二十四天。我知道魯迅的那篇《關於太炎先生二三事》，是看了我的這篇紀念文才作的。因為我文中引用了先生的獄中詩，魯迅跟著也引用，故有「卅年前事，如在眼前」的話。這「獄中詩」四首，本系先生在獄中寫寄蔣觀雲的。我由觀雲處索得，登入《浙江潮》，手跡則由我收藏，彌足寶貴，所以在魯迅信中有「匯印成冊」的提議。

魯迅讀佛經，當然是受章先生的影響。先生在西獄三年，備受獄卒的陵暴。鄒容不堪其虐，因而病死。先生於做苦工之外，朝夕必研誦《瑜伽師地論》，悟到大乘法義，才能克服苦難，期滿出獄後，鼓動革命的大業。先生和魯迅師弟二人，對於佛教的思想，歸結是不同的：先生主張以佛法救中國，魯迅則以戰鬥精神的新文藝救中國。

# 一四　筆名魯迅

我自民六（1917年）秋，於役南昌，和魯迅別開三年。在這中間，魯迅的生活起了大變化，前後可以劃分為兩段：前者是摩挲古碑，後者是發表創作。這個變化即發表創作，是《吶喊》序文所謂「老朋友金心異」——按即玄同——的催促慫恿與有力的。創作的開始在民七（1918年）四月，發表在同年五月號的《新青年》，正是五四運動的前一年。其第一篇《狂人日記》（《吶喊》），是借了精神迫害狂者來猛烈地掊擊過去傳統和禮教的弊害，開始用「魯迅」作筆名。我說過：「這是魯迅生活上的一個大發展，也是中國文學史上應該大書特書的一章。因為從此，文學革命才有了永不磨滅的偉績，國語文學才有了不朽的劃時代的傑作，而且使他成為我們中國思想界的先知，民族解放上最勇敢的戰士。」我當時在南昌，讀到這篇《狂人日記》，所說他和人們沒有什麼仇，「只有廿年以前，把古久先生的陳年流水簿子踹了一腳，古久先生很不高興」。又說，「沒有吃過人的孩子，或者還有？救救孩子……」說穿了吃人的歷史，於絕望中寓著希望，我大為感動。

……覺得這很像周豫才的手筆，而署名卻是姓魯，天下豈有第二個豫才乎？於是寫信去問他，果然回信來說確是「拙作」，而且那同一冊裡有署名唐俟的新詩也是他做的。到了九年的年底，我們見面談到這事，他說：「因為《新青年》編輯者不願意有別號一般的署名，我從前用過迅行的別號是你所知道的，所以臨時命名如此：理由是（一）母親姓魯，（二）周魯是同姓之國，（三）取愚魯而迅速之意。」「至於唐俟呢？」他答道，「哦！因為陳師會（衡恪）那時送我一方石章，並問刻作何字，我想了一想，對他說，『你叫做槐堂，我就叫俟堂罷。』」

我聽到這裡，就明白了這「俟」字的涵義，那時部裡的長官某頗想擠掉魯迅，他就安靜地等著，所謂「君子居易以俟命」也。把「俟堂」兩個字顛倒過來，堂和唐這兩個字同聲可以互易，於是成名曰「唐俟」。周、魯、唐又都是同姓之國也。可見他無論何時沒有忘記破壞偶像的意思。（拙著《魯迅的生活》）

這樣用母姓的事，以後就很多。不是蔡孑民先生晚年署名曰「周子余」嗎？有一個蔡先生的熟人，不明這個底細，便向蔡先生開玩笑，說「你現在也姓了周嗎？哈哈。」因為他只知道蔡夫人是姓周，而不知其母夫人姓什麼。蔡先生乃正色答道：「這因為先母姓周……」那位熟人聽了，立刻肅然道歉而退。

因為魯迅只是筆名，所以魯迅不願意別人把魯迅上面再冠一個周字的。而且他自己的署名總是仍用樹人，凡有給我的信署名都是如此；但是自從十九年（1930年）三月以後，則不得已而用種種化名，如「索士」「樹」「迅」「飛」……這是為免除收信者橫受嫌疑計，用意是很周到的。

說到魯迅筆名，我還記起一件小小的故事：十八年（1929年）夏，魯迅至北平省親回來，對我說：「我為了要看舊小說，至孔德學校訪隅卿，玄同忽然進來，嘮叨如故，看見桌子上放著一張我的名片，便高聲說：『你的名字還是三個字嗎？』我便簡截地答道：『我的名片從來不用兩個字，或四個字的。』他大概覺得話不投機，便出去了……」所謂用兩個字或四個字，乃是微微刺著玄同的名片，時而作「錢夏」，時而作「玄同」，時而作「疑古玄同」。《兩地書（一二六）》有云：「途次往孔德學校去看舊書，遇金立因，胖滑有加，嘮叨如故，時光可惜，默不與談……」便是指玄同而言。直到魯迅去世了，玄同作文追悼，還提及這件小小的故事呢。

# 一五　雜談著作

據我所知，魯迅的著作有好多篇是未完成的。他對我說過，想要做一部《中國字體發達史》，在開始說明字的起源，就感覺得資料不足。中骨文中所見的象形，「都已經很進步了，幾乎找不出一個原始形態。只在銅器上，有時還可以看見一點寫實的圖形，如鹿，如象，而從這圖形上，又能發見和文字相關的線索：中國文字的基礎是『象形』。」我答道誠然，像西班牙亞勒泰米拉（Altamira）洞裡的野牛形，在中國的實物上似乎還沒有找到。他這部字體發達史，終於沒有寫出，只在《門外文談》（《且介亭雜文》）中略現端倪。用「門外」二字作題目，雖說是由於門外乘涼的漫談，但其實也含著自謙的美意啊。

魯迅想要做《中國文學史》分章是：（一）從文字到文章，（二）詩無邪（《詩經》），（三）諸子，（四）從《離騷》到《反離騷》，（五）酒、藥、女、佛（六朝），（六）廊廟和山林。其大意也曾片段地對我說過。關於諸子者，他說楊子為我，只取他自己明白，當然不會著書；墨子兼愛，必使人人共喻，故其文詞丁寧反覆；老子的「無為而無不為」，總嫌其太陰柔；莊子的文詞深閎放肆，則入於虛無了。關於《反離騷》者，以為楊雄摭《離騷》而反之，只是文求古奧，使人難懂，所謂「昔仲尼之去魯兮，婓婓遲遲而周邁，終回覆於舊都兮，何必湘淵與濤瀨」。但假使竟沒有可以回覆之處，那將如何呢？《離騷》而至於《反離騷》，《恨賦》而至於《反恨賦》，還有甚麼意思呢？關於酒和藥者，他常常和我討論，說魏晉人的吃藥和嗜酒，大抵別有作用的，他們表面上是破壞禮教，其實是擁護禮教的迂夫子。他那篇《魏晉風度及文章與藥及酒之關係》（《而已集》），便是這部文學史的一部分。至於全集所載的《漢文學史綱要》乃是用作講義，很簡單的。

有人說魯迅沒有做長篇小說是件憾事。其實他是有三篇腹稿的，其中一篇曰《楊貴妃》。他對於唐明皇和楊貴妃的性格，對於盛唐的時代背景、地理、人體、宮室、服飾、飲食、樂器以及其他用具……通通考證研究得很詳細，所以能夠原原本本地指出坊間出版的《長恨歌畫意》的內容的錯誤。他的寫法，曾經對我說過，繫起於明皇被刺的一剎那間，從此倒回上去，把他的生平一幕一幕似的映出來。他看穿明皇和貴妃兩人間的愛情早就衰歇了，不然何以會有「七月七日長生殿」，兩人密誓願世世為夫婦的情形呢？在愛情濃烈的時候，哪裡會想到來世呢？他的知人論世，總是比別人深刻一層。

魯迅對我說：「胡適之有考證癖，時有吉言，但是對於《西遊記》，卻考證不出甚麼。」我問孫悟空的來歷是否出於印度的傳說，他答道亦有可能，但在唐人傳奇中，已可尋出其出處。李公佐的《古岳瀆經》所謂禹「獲淮渦水神名『無支祁』，善應對言語，辨江淮之淺深，原隰之遠近。形若猿猴，縮鼻高額，青軀白首，金目雪牙，頸伸百尺，力逾九象，搏擊騰踔疾奔，輕利倏忽，聞視不可久」即是。這件禹伏無支祁的故事，歷經演化，宋時又傳為僧伽降水母，又得吳承恩的描寫，遂成為神通廣大的孫悟空了。

魯迅編《莽原》雜誌和《國民新報副刊》時，曾經幾度慫恿我去投稿，勸我多寫雜文，不要矜持，但是我因行文拙鈍，只投過幾篇：《論面子》《論翻譯之難》……而已。魯迅則行文敏捷，可是上述的好多篇腹稿和未成稿，終於沒有寫出，賚志以歿了。其原因：（一）沒有餘暇。因為環境的艱困，社會政治的不良，自己為生活而奮鬥以外，還要幫人家的忙，替別人編稿子，改稿子，紹介稿子，校對稿子，一天忙個不了。他從此發明了一種戰鬥文體——短評，短小精悍，有如匕首，攻擊現實，篇篇是詩，越來越有光彩，共計有十餘冊，之外，再沒有工夫來寫長篇了，真是生在這個時代這個地方所無可奈何的！（二）沒有助手，他全集二十大冊，約六百萬言，原稿都是用毛筆清清楚楚地手寫的。此外，日記和書簡，分量也很可觀。淺見者說魯迅的創作只有七大冊，翻譯多於創作，似乎還比不上外國文豪們的著作等身；殊不知照一個人的精力，時間和事務比例起來，是做不了這許多的。他們謄稿和寫信，或許有書記助手可以代勞，但是魯迅只有他自己一個人。

魯迅的著作，國際間早已聞名了。記得一九二五年，他做了《自傳》和《俄文譯本〈阿Q正傳〉序》，囑我代寫一份，因為譯者王希禮要把它影印出來，登在譯本的卷頭。

他曾告訴我：「瑞典人S託人來徵詢我的作品，要送給『管理諾貝爾文學獎金委員會』，S以為極有希望的，但是我辭謝了。我覺得中國實在還沒有可得諾貝爾獎金的人，倘因為我是黃色人種，特別優待，從寬入選，反足以增長中國人的虛榮心，以為真可與別國媲美了，結果將很糟。……」這是何等謙光，又是何等遠見！

他又告訴我：「羅曼．羅蘭讀到敬隱漁的法譯《阿Q正傳》說道：『這部諷刺的寫實作品是世界的，法國人革命時也有過阿Q，我永遠忘記不了阿Q那副苦惱的面孔。』因之羅氏寫了一封給我的信託創造社轉致，而我並沒收到。因為那時創造社對我筆戰方酣，任意攻擊，便把這封信抹煞了。……」魯迅說罷一笑，我聽了為之憮然。

# 一六　雜談翻譯

魯迅自從辦雜誌《新生》的計畫失敗以後，不得已而努力譯書，和其弟作人開始介紹歐洲新文藝，刊行《域外小說集》，相信這也可以轉移性情，改造社會的。他們所譯偏於東歐和北歐的文學，尤其是弱小民族的作品，因為他們富於掙扎、反抗、怒吼的精神。魯迅所譯安特來夫的《默》和《謾》，迦爾洵的《四日》，我曾將德文譯本對照讀過，覺得字字忠實，絲毫不苟，無任意增刪之弊，實為譯界開闢一個新時代的紀念碑，使我非常興奮。其《序言》所云「第收錄至審慎，迻譯亦期勿失文情，異域文術新宗，自此始入華土」，這實在是誠信不欺之言。第一冊出版以後，我承惠贈了好幾冊，但我還特地到東京寄售處購買一冊，並且時時去察看，為的怕那裡有不遵定價、額外需索的情形，所以親去經驗，居然畫一不二，也就放心了。不過銷路並不好，因為那時的讀者，對於這樣短篇新品，還缺少欣賞的能力和習慣。我那時正有回國之行，所以交給上海寄售處的書，就由我帶去的。

魯迅譯廚川白村的《苦悶的象徵》時，曾對我說：「這是一部有獨創力的文學論，既異於科學家似的玄虛，而且也並無一般文學論者的繁碎。作者在去年大地震裡遭難了。我現在用直譯法把它譯出來。」我照例將原文對照一讀，覺得魯迅的直譯工夫較前更進步了。雖說是直譯的，卻仍然極其條暢，真非大手筆不辦。他深嘆中國文法的簡單，一個「的」字的用處，日本文有「の」「處」「的」等等，而中國文只有一個「的」字。於是創造出分別來：「其中尤須聲明的，是幾處不用『的』字，而特用『底』字的緣故。即凡形容詞與名詞相連成一名詞者，其間用『底』字，例如Social being為社會底存在物，Psychische Trauma為精神底傷害等；又，形容詞之由別種品詞轉來，語尾有tive，tic之類者，於下也用『底』字，例如Speculative，romantic，就寫為思索底，羅曼底。」本書中所引英詩的翻譯，我曾效微勞，他在《引言》中還特別提到。

魯迅譯《小約翰》也是一部力作。本書的著者荷蘭望．藹覃（全集卷一四，題下，荷蘭誤作德國，全集卷一總目內沒有錯），本來是研究醫學，具有廣博的知識，青年著作家的精神的領袖，魯迅的學力很有些和他相似，所以生平愛讀這部象徵寫實的童話詩。有意把它譯成中文，發願很早，還在留學時代，而譯成則在二十年以後。初稿系在北平中央公園的一間小屋內，和吾友齊壽山二人揮汗而作；整理則在翌年廣州白雲樓，那時我和他同住，目睹其在驕陽滿室的壁下，伏案工作，手不停揮，真是矻矻孜孜，夜以繼日。單是關於動植物的譯名，就使他感到不少的困難，遍問朋友，花去很多的精力和時間，他書後附有《動植物譯名小記》，可供參考。至於物名的翻譯，則更難，因為它是象徵，不便譯音，必須意譯，和文字的務欲近於直譯已大相反。小鬼頭 Wistik 之譯作「將知」，科學研究的冷酷的精靈 Pleuzer 之作「穿鑿」，小姑娘 Robinetta 之作「榮兒」都是幾經斟酌才決定的。

至於魯迅譯果戈理的《死魂靈》，更是一件艱苦的奇功，不朽的絕筆。他受果戈理的影響最深，不是他的第一篇創作《狂人日記》，就和八十多年前，果戈理所寫的篇名完全相同嗎？「但後起的《狂人日記》意在暴露家族制度和禮教的弊害，卻比果戈理的憂憤深廣……」當魯迅臥病的時候，我去訪問，談到這部譯本，他告訴我：「這番真弄得頭昏眼花，筋疲力盡了。我一向以為譯書比創作容易，至少可以無須構想，那裡知道是難關重重！……」說著還在面孔上現出苦味。他在《「題未定」草（一）》有云：

……「苦」字上頭。仔細一讀，不錯，寫法的確不過平鋪直敘，但到處是刺，有的明白，有的卻隱藏，要感得到；雖然重譯，也得竭力保存它的鋒頭。裡面確沒有電燈和汽車，然而十九世紀上半期的菜單，賭具，服裝，也都是陌生傢伙。這就勢必至於字典不離手，冷汗不離身，一面也自然只好怪自己語學程度的不夠格。

又在同題二有云：

動筆之前，就先得解決一個問題：竭力使它歸化，還是儘量保存洋氣呢？日本文的譯者上田進君，是主張用前一法的。他以為諷刺作品的翻譯，第一當求其易懂，愈易懂，效力也愈廣大。所以他的譯文，有時就化一句為數句，很近於解釋。我的意見卻兩樣的。只求易懂，不如創作，或者改作，將事改為中國事，人也化為中國人。如果還是翻譯，那麼，首先的目的，就在博覽外國的作品，不但移情，也要益智，至少是知道何地何時，有這等事，和旅行外國，是很相像的！它必須有異國情調，就是所謂洋氣。其實世界上也不會有完全歸化的譯文。倘有，就是貌合神離，從嚴辨別起來，它算不得翻譯。凡是翻譯，必須兼顧著兩面，一當然力求其易解，一則保存著原作的丰姿，但這保存，卻又常常和易懂相矛盾，看不慣了。不過它原是洋鬼子，當然誰也看不慣，為比較的順眼起見，只能改換他的衣裳，卻不該削低他的鼻子，剜掉他的眼睛。我是不主張削鼻剜眼的，所以有些地方，仍然寧可譯得不順口。（《且介亭雜文二集·「題未定」草》）

總之，魯迅對於翻譯的理論極其實際，都是成功的，開闢了大道，培養的沃壤，使中國的新文藝得以著著上進，欣欣向榮。

# 一七　西三條胡同住屋

魯迅愛住北平，但是他的西三條胡同住屋，是出於不得已而經營的。他原來在一九一九年把紹興東昌坊口的老屋和同住的本家公同售去以後，就在北平購得公用庫八道灣大宅一所，特地回南去迎接母太夫人及全眷來住入，這宅子不但房間多，而且空地極大。魯迅對我說過：「我取其空地很寬大，宜於兒童的遊玩。」我答：「誠然，簡直可以開運動會。」魯迅那時並無子息，而其兩弟作人和建人都有子女，他鍾愛侄兒們，視同自己的所出，處處實行他的兒童本位的教育。《我們現在怎樣做父親》（全集卷一《墳》）文中所云：「只能先從覺醒的人開手，各自解放了自己的孩子。自己背著因襲的重擔，肩住了黑暗的閘門，放他們到寬闊光明的地方去……」這便是他的兒童教育的意見。他對於侄兒們的希望很大，很想為他們創造出一個最適宜於發育的環境，所謂「這正如地上的路，其實地上本沒有路；走的人多了，也便成了路」（《吶喊·故鄉》）。

魯迅對於兩弟非常友愛，因為居長，所有家務統由他自己一人主持，不忍去麻煩兩弟。他對於作人的事，比自己的還要重要，不惜犧牲自己的名利通通來讓給他，我在拙著《關於〈弟兄〉》一文已經提及。一九一七年，他和作人還同住在紹興會館的時候，北平正流行著傳染病猩紅熱，作人忽然發高熱了。這可真急壞了魯迅，愁眉不展，四處借錢，為的要延醫買藥。後經德國醫師狄普耳診斷，才知道不過是出疹子，於是他第二天到部，精神煥然地笑著對我說：「起孟原來這麼大了，竟還沒有出過疹子，倘若母親在此，不會使我這樣著急了。」接著又述昨夜醫師到來的遲緩，和他診斷病情的敏捷，但是我看見他的眼眶陷下，還沒有恢復呢！又記得一九二一年，作人養疴在香山碧雲寺，因為費用浩大，魯迅又四處奔走，借貸應急，並且時常前往護視。

作人的妻羽太信子是有歇斯臺裡性的。她對於魯迅，外貌恭順，內懷忮忌，作人則心地糊塗，輕聽婦人之言，不加體察。我雖竭力解釋開導，竟無效果，致魯迅不得已移居外客廳而他總不覺悟；魯迅遣工役傳言來談，他又不出來；於是魯迅又搬出而至磚塔胡同了。從此兩人不和，成為參商，一變從前「兄弟怡怡」的情態。這是作人一生的大損失，倘使無此錯誤。始終得到慈兄的指導，何至於後來陷入迷途，洗也洗不清呢？

魯迅搬出以後，就借錢購得西三條的房子，是一所小小的三開間的四合式。北屋的東間是母太夫人的房，西間是朱夫人的房。太夫人談鋒極健，思想有條理，曾用自修得到能夠看書的學力。朱夫人是舊式的女子，結婚系出於太夫人的主張，因而「瑟琴異趣」，魯迅曾對我說過：「這是母親給我的一件禮物，我只能好好地供養它，愛情是我所不知道的。」北屋的中間，後面接出一間房子去，魯迅稱它為「老虎尾巴」，乃是他的工作室，《徬徨》的全部以及其他許多的譯著，皆寫成於此。這老虎尾巴將永久成為我國國民的紀念室。它的北窗用玻璃，光線充足，望後園牆外，即見《野草》第一篇《秋夜》所謂「在我的後園，可以看見牆外有兩株樹，一株是棗樹，還有一株也是棗樹」。

南屋是他的藏書室。說起他的藏書室，我還記得作人和信子抗拒的一幕。這所小屋既成以後，他就獨自個回到八道灣大宅取書籍去了。據說作人和信子大起恐慌，信子急忙打電話，喚救兵，欲假借外力以抗拒；作人則用一本書遠遠地擲入，魯迅置之不理，專心檢書。一忽兒外賓來了，正欲開口說話，魯迅從容辭卻，說這是家裡的事，無煩外賓費心。到者也無話可說，只好退了。這在取回書籍的翌日，魯迅說給我聽的。我問他：「你的書全部都已取出了嗎？」他答道：「未必。」我問他我所贈的《越縵堂日記》拿出了嗎？他答道：「不，被沒收了。」

魯迅畢竟是偉大的，他受了種種的誣衊委屈，搬出了八道灣住宅，又生了一場病，對於作人和信子的事，日記上卻一字不提。這是我在他死後數個月，為的要趕撰年譜，翻閱他的日記才知道的。

# 一八　女師大風潮

一九二五年春間，北京女子師範大學有反對校長楊蔭榆事件。楊校長便不到校，後來任意將學生自治會職員六人除名，並且引警察及打手蜂擁入校，學生們不服。迨教育總長章士釗復出，遂有非法解散學校的事，並且命司長劉百昭，僱用流氓女丐毆曳學生們出校。女師大的許多教職員，本極以章楊二人的措置為非，復痛學生的無端失學，遂有校務維持會的組織。魯迅本是女師大的講師，所以成為該會的委員之一，而章士釗視作眼中釘，竟倒填日子，將他的教育部僉事職違法免去了。

我因為和楊蔭榆校長是前後任的關係，對於這次風潮，先是取旁觀態度，絕不願意與聞的。待到章士釗無端把魯迅免職，我不能熟視無睹了。既惡其倒填日子，暗暗免部員之職，又惡其解散學校呈文中，疊用輕薄字句來誣衊女性，才和齊壽山（教育部視學）二人發表宣言，指斥其非，並且正式送給他一張以觀其變，於是他也把我們二人免職了。宣言全文如下：

## 反對教育總長章士釗之宣言

署教育總長章士釗，本一輕薄小才，江湖游士，偶會機緣，得躋上位。於是頓忘本來，恣為誇言，自詡不羈，盛稱飽學，第以僅有患得患失之心，遂輒現狐埋狐搰之態。自五七風潮之後，即陽言辭職，足跡不見於官署者數月，而又陰持部務，畫諾私家，潛構密謀，毀滅學校，與前女子師範大學校長楊蔭榆相聯結，馴致八月一日以武裝警察解散該女子師範大學之變。案學生所陳，僅在懇請當局，撤換校長，冀學業稍有進步而已。倘使處以公心，本不致釀成事故。而章士釗與楊蔭榆朋比固位，利己營私，必使成解散之局，於停辦該大學呈文中，尚靦然自飾，謂先未實行負責，後令妥善辦理。且疊用佻達字句，誣衊女性，與外間匪人所造作之謠諑相應和。而於濫用警士，毆擊學生等激變之故，則一字不提。是不特蔽虧國人視聽之明，實大淆天下是非之辨。近復加厲，暴行及於部中。本月十三日突將僉事周樹人免職，事前既未使次長司長聞知，後又不將呈文正式宣布，祕密行事，如縱橫家，群情駭然，以為妖異。周君自民國元年由南京政府北來供職，十有四年，謹慎將事，百無曠廢；徒以又為該大學兼任教員，於學校內情，知之較審，曾與其他教員發表宣言，聲明楊蔭榆開除學生之謬。而章楊相比，亦攖彼怒，遂假威權，泄其私憤。昔者以楊蔭榆之黨己也，不惜解散學校，荒數百人之學業以徇之；今以周君之異己也，又不惜祕密發縱以除去之。視部員如家奴，以私意為進退，雖在專制時代，黑暗當不至是。此其毀壞法律，率意妄行，即世之至無忌憚者亦不能加於此矣。最近則又稱改辦女子大學，即以嗾警毀校自誇善打之劉百昭為籌備處長，以掩人耳目。舉蹂躪學校之人，任籌備學校之重，雖曰報功，寧非兒戲。旋又率警圍校，且雇百餘無賴女流，闖入宿舍，毆逐女生，慘酷備至，哭聲盈於道塗，路人見而太息，以為將不敢有子女入此虎狼之窟者矣。況大隊警察，用之不已，是直以槍劍為身教之資，隸教部於警署之下，自開國以來，蓋未見有教育當局而下劣荒謬暴戾恣睢至於此極者也。壽裳等自民元到部，迄於今茲，分外之事，未嘗論及。今則道揆淪喪，政令倒行，雖在部中，義難合作，自此章士釗一日不去，即一日不到部，以明素心而彰公道。謹此宣言。

我們對於章士釗的這些舉動，認為無理可喻，故意不辭職，而等他來免職，也不願向段祺瑞政府說理，所以發佈這個宣言。魯迅對於章士釗，也視若無物，後來之所以在平政院提起訴訟，還是受了朋友們的慫恿而才做的，結果是得到勝訴。

女師大被非法解散以後，便在宗帽胡同自賃校舍，重新開學，教員們全體義務授課，我也是其中之一，師生們共同刻苦支持。如是者三月，女師大就復校了。章士釗解散學校之外，還有那些主張讀經，反對白話等等玩意兒，魯迅都一一辭而避之。關於他的排斥白話，我和魯迅都笑他日暮途窮，所做的文言文並不高明，連莊子中「每下愈況」的成語（況，甚也），都用不清楚；單就他那《停辦北京女子師範大學呈文》中所云「釗念兒女乃家家所有，良用痛心，為政而人人悅之，亦無是理」這幾句駢文，也比不上何栻《齊姜醉遣晉公子賦》的「公子固翩翩絕世，未免有情，少年而碌碌因人，安能成事」。這些談資都為魯迅所採用，文見《華蓋集．答SK君》。至於章士釗的主張讀經，也是別有用意，明知道讀經是不足以救國的，不過耍耍把戲，將人們看作笨牛罷了。魯迅有一文《十四年的「讀經」》（《華蓋集》），揭發得很透徹，摘錄一二段如下：

……我看不見讀經之徒的良心怎樣，但我覺得他們大抵是聰明人，而這聰明，就是從讀經和古文得來的。我們這曾經文明過而後來奉迎過蒙古人滿洲人大駕了的國度裡，古書實在太多，倘不是笨牛，讀一點就可以知道，怎樣敷衍，偷生，獻媚，弄權，自私，然而能夠假借大義，竊取美名。再進一步，並可以悟出中國人是健忘的，無論怎樣言行不符，名實不副，前後矛盾，撒謊造謠，蠅營狗苟，都不要緊，經過若干時候，自然被忘得干乾淨淨；只要留下一點衛道模樣的文字，將來仍不失為「正人君子」。……

古國的滅亡，就因為大部分的組織被太多的古習慣教養得硬化了，不再能夠轉移，來適應新環境。若干分子又被太多的壞經驗教養得聰明了，於是變性，知道在硬化的社會裡，不妨妄行。單是妄行的是可與論議的，故意妄行的卻無須再與談理。……

# 一九　三一八慘案

一九二六年三月十八日，北京發生最黑暗最兇殘的事件：段祺瑞政府使衛兵用步槍大刀，在國務院門前包圍虐殺了徒手請願意在援助外交的市民和學生，死傷至三百餘人之多。還要下令，誣之曰「暴徒」！女師大學生當場遇害者二人：劉和珍和楊德群。受傷者六七人。這天下午我（二天以前才辭去教務長兼職）偶然跑到學校去看看，忽聽得這個噩耗，並且週著受傷同學的逃回，便立刻拉著新任教務長林語堂同車趕往國務院察看。到時，柵門已閉，尚留一條縫容許出入，只見屍體縱橫枕藉，鮮血滿地，是一個最陰慘的人間地獄！劉和珍的屍骸已經放入一具薄棺之中了。並排的還有好幾具，都是女子的。

劉和珍面目如生，額際尚有微溫。我瞥見毛醫師正在門外人群中，急忙請他進來診視，那知道心臟早停，已經沒有希望了。又聽得還有許多許多的受傷者在醫院裡，趕緊往視，則待診室內滿是屍體，這些該是當初還沒有死，抬到醫院——或沒有抬到，途中便已氣絕了罷！楊德群的屍骸，放在一張板桌上，下半身拖落在旁。嗚呼！驚心動魄，言語道斷，我不忍再看了！我一向不贊成什麼請願，絕對不參加什麼開會遊行，然亦萬料不到會有如此喋血京師的慘事！

從這天起，我竟夜不成寐，眼睛一閉，這場地獄便出現，如是者繼續至十餘天才止，這是因時光的流駛才把苦痛和血痕漸漸沖淡了罷。魯迅關於這事，有云：「這不是一件事的結束，是一件事的開頭。墨寫的謊說，決掩不住血寫的事實。血債必須用同物償還。拖欠得愈久，就要付更大的利息！」又云：「實彈打出來的卻是青年的血。血不但不掩於墨寫的謊語，不醉於墨寫的輓歌；威力也壓它不住，因為它已經騙不過，打不死了。」（《華蓋集續編·無花的薔薇》）

同書裡，魯迅又有一篇《紀念劉和珍君》，那是情文並茂、感人最烈的偉大的抒情文，現在摘錄一二段如下：

真的猛士，敢於面對慘淡的人生，敢於正視淋漓的鮮血，這是怎樣的哀痛者和幸福者？然而造化又常常為庸人設計，以時間的流駛，來洗滌舊跡，僅使一下淡紅的血色和微漠的悲哀。在這淡紅的血色和微漠的悲哀中，又給人暫得偷生，維持著這似人非人的世界。我不知道這樣的世界何時得一個盡頭！

……

我沒有親見；聽說，她，劉和珍君，那時是欣然前往的。自然，請願而已，稍有人心者，誰也不會料到有這樣的羅網。但竟在執政府前中彈了，從背部入，斜穿心肺，已致命的創傷，只是沒有便死。同去的張靜淑君，想扶起她，中了四彈，其一是手槍，立僕；同去的楊德群君又想去扶起她，也被擊，彈從左肩入，穿胸偏右出，也立僕。但她還能坐起來，一個兵在她頭部及胸部猛擊兩棍，於是死掉了。

……

我目睹中國女子的辦事，是始於去年時，雖然是少數，但看那幹練堅決，百折不回的氣概，曾經屢次為之感嘆。至於這一回在彈雨中互相救助，雖殞身不恤的事實，則更足為中國女子的勇毅，雖遭陰謀祕計，壓抑至數千年，而終於沒有消亡的明證了。倘要尋求這一次死傷者對於將來的意義，意義就在此罷。

苟活者在淡紅的血色中，會依稀看見微茫的希望；真的猛士，將更奮然而前行。（《華蓋集續編》）

慘案發生以後，便有通緝五個所謂「暴徒首領」之令，按著又有要通緝五十人——其實名單上只四十八人——的傳說，我和魯迅均列名在內。魯迅有一篇《大衍發微》（《而已集》附錄），把名單全部的籍貫職務調查得相當清楚，尤其把要捉的原因探究分析得很詳細。齊壽山很為我們擔憂，熱心奔走，預先接洽了臨時避居的地方，對我們說：「一有消息，就來報告，務必暫時離家。」果然，有一天下午，壽山來電話，說：「張作霖的前頭部隊已經到高橋了，請立刻和魯迅避入D醫院，一切向看護長接洽就得。」我就立刻去通知魯迅，於是同時逃入了。

D醫院中，一間破舊什物的堆積房是我和魯迅及其他相識者十餘人聚居之所，夜晚在水門汀地面上睡覺，白天用麵包和罐頭食品充饑。——也有人住六國飯店和法國醫院的。我住了十天光景，便移居病室，醫師來診，則告以無病，遂一笑而去。魯迅亦然，但在這樣流離顛沛之中，還是寫作不止呢？

# 二〇 廣州同住

同年八月底，魯迅離開北京，至廈門大學教書去了。臨行，我表示亦將離京謀事，托他隨時為我留意，因為，我和他及壽山三人的教育部職務雖已恢復，總覺得雞肋無味。他極以為然，所以對於我之所托，非常關心，視同己事，《兩地書》中時時提到，至十幾次之多，如云：「玉堂在此似乎也不大順手，所以上遂的事竟無法開口。」（書四二）又云：「上遂的事則至今尚無消息，不知何故。我同兼士曾合寫一信，又托伏園面說，又寫一信，都無回音，其實上遂的辦事能力，比我高得多。」（書八一）又云：「上遂南歸，杳無消息，真是奇怪，所以他的事情也無從計劃。」（書九六）

到了十二月底，他知道了我的事容易設法，就接連的來信通知，現錄一通如下：

季市兄：

昨寄一函，已達否？此間甚無聊，所謂國學院者，虛有其名，不求實際。而景宋故鄉之大學，催我去甚亟。聘書且是正教授，似屬望甚切，因此不能不勉力一行，現擬至遲於一月底前往，速則月初。伏園已去，但在彼不久住，仍須他往。昨得其來信，言兄教書事早說妥，所以未發聘書者，乃在專等我去之後，接洽一次也。現在因審慎，聘定之教員似尚甚少云。信到後請告我最便之通信處，來信寄此不妨，即我他去，亦有友人收轉也。此布。

即頌

曼福。

樹人上。十二月廿九日

魯迅到廣州中山大學後，就接連來信催我前往，略說兄之聘書已在我處，月薪若干，此間生活費月需約若干，所教功課，現尚無從說起，因為一切尚無頭緒，總之此校的程度是並不高深的。開學是三月二日，但望兄見信即來，可以較為從容，談談。從滬開來之輪船如何如何。唐餐間勝於官艙，價約若干……他的指示很周到，使我感激不可以言宣，真是所謂「窮途仗友生！」這幾封催我前往的信，我因為在抗戰那年，檢入行篋中，老是攜帶著，前年在重慶寫了一篇《魯迅的幾封信》，把它發表，作為他逝世九週年的一點紀念，所以這裡不再抄引了。

我航海既到廣州，便在逆旅中，遣使送信去通知魯迅。使者回，說人不在家。到了第二天的下午，景宋見訪，始知魯迅才從香港講演回來，因足受傷，不良於行，教她來接我至校同住。那時候，他住在中山大學的最中央而最高最大的一間屋——通稱「大鐘樓」，相見忻然。書桌和床鋪，我的和他的占了屋內對角線的兩端。這晚上，他邀我到東堤去晚酌，肴饌很上等甘潔。次日又到另一處去小酌，我要付帳，他堅持不可，說先由他付過十次再說。從此，每日吃館子，看電影，星期日則遠足旅行，如是者十餘日，豪興才稍疲。後來，開學期近了，他是教授兼教務主任，忙於開會議，舉行補考，核算分數，接見種種學生，和他們辯論種種問題，覺得日不暇給，豪興更減了。

我對於廣州的印象，因為是初到，一切覺得都很新鮮，便問他的印象如何。他答道：革命策源地現在成為革命的後方了，還不免是灰色的。我聽了很受感動。又問他在香港講演的題目是什麼，反應是怎樣。他答道：「香港這殖民地是極不自由的，我的講演受到種種阻礙，題目是《老調子已經唱完》《無聲的中國》，有人想把我的講稿登載報上，可是被禁止了。」

這間大鐘樓是大而無當，夜裡有十幾匹頭大如貓的老鼠賽跑，清早有懶不做事的工友們在門外高唱，我和魯迅合居其間，我喜歡早眠早起，而魯迅不然，各行其事，兩不相妨，因為這間樓房的對角線實在來得長。晚餐後，魯迅的方面每有來客絡繹不絕，大抵至十一時才散。客散以後，魯迅才開始寫作，有時至於徹夜通宵，我已經起床了，見他還在燈下伏案揮毫，《鑄劍》等篇便是這樣寫成的。

有一天，傅孟真（其時為文學院長）來談，說及顧某可來任教，魯迅聽了就勃然大怒，說道：「他來，我就走。」態度異常堅決。

後來搬出學校，租了白雲樓的一組，我和魯迅、景宋三人合居。地甚清靜，遠望青山，前臨小港，方以為課餘可以有讀書的環境了。那知道感觸之來，令人窒息，所謂「抱著夢幻而來，一遇實際，便被從夢境放逐了，不過剩下些索寞」。清黨事起，學生被捕者不少，魯迅出席各主任緊急會議，歸來一語不發，我料想他快要辭職了，一問，知道營救無效。不久，他果然辭職，我也跟著辭職。他時常提起，有某人瘦小精悍，頭腦清晰，常常來談天的，而今不來了。魯迅從此潛心寫作，不怕炎熱的陽光侵入住室到大半間，仍然手不停揮：修訂和重抄《小約翰》的譯稿，編訂《朝華夕拾》，作後記，繪插圖，又編錄《唐宋傳奇集》。十月回至上海。自去年秋，出北京，中經廈門，廣州，至此僅一年，他的生活是不安的，遭遇是創痛的。

# 二一　上海生活——前五年

（一九二七——一九三一）

魯迅自一九二七年回上海，至一九三六年逝世，這十年間，國難的嚴重日甚一日，因之，生活愈見不安，遭遇更加慘痛，環境的惡劣實非通常人所能堪，他的戰鬥精神卻是再接再厲，對於帝國主義的不斷侵略，國內政治的不上軌道，社會上封建餘毒的瀰漫，一切荒淫無恥的反動勢力的猖獗，中國文壇上的淺薄虛偽，一點也不肯放鬆，於是身在圍剿禁錮之中，為整個中華民族的解放和進步，苦戰到底，絕不屈服。從此在著譯兩方面，加倍努力，創作方面除歷史小說《故事新編》，通訊《兩地書》（與景宋合著）等以外，特別著重前所發明的一種戰鬥文體——短評，雜文——來完成他的戰鬥任務。翻譯方面則有文藝理論、長篇小說、短篇小說、童話等。他又介紹新舊的「木刻」，提倡「新文字」，贊助「世界語」。同時他在行動上，又參加了三「盟」，即「自由運動大同盟」「左翼作家聯盟」及「民權保障同盟會」。總之，他是不朽的作家，文化的導師，正義的鬥士，中華民族的靈魂。

這十年間，我因為在南京和北平服務，雖不能常常晤見魯迅，但每次道經上海，必定往訪，所以每年至少有十餘次的會見，最後兩年晤面較稀，但每年亦至少四五次。他初回上海，即不願教書，我順便告知蔡子民先生，即由蔡先生聘為大學院特約著作員，與李審言同時發表。

一九二九年九月，景宋夫人產生一個男孩，名曰「海嬰」。我知道了很欣喜，立刻要求魯迅趕快領我到醫院去道賀，我說：你倆本來太寂寞，現在有了「寧馨兒」可以得到安慰了。不料其未滿八歲，魯迅便去世，不及見其成立啊！海嬰生性活潑，魯迅曾對我說：「這小孩非常淘氣，有時弄得我頭昏，他竟問我：『爸爸可不可以吃的？』我答：『要吃也可以，自然是不吃的好。』」我聽了一笑，說他正在幻想大盛的時期，而本性又是帶神經質的。魯迅頗首肯，後來他作《答客誚》一詩，寫出愛憐的情緒云：

無情未必真豪杰，憐子如何不丈夫。
知否興風狂嘯者，回眸時看小於菟。

一九三〇年春，魯迅被浙江省黨部呈請通緝，其罪名曰「反動文人」，其理由曰「自由大同盟」，說來自然滑稽，但也很可痛心。那時，浙江省黨部有某氏主持其事，別有用意，所謂「罪名」「理由」，都是表面文章，其真因則遠在編輯刊物。當魯迅初到上海，主編《語絲》的時候，有署名某某的青年，投稿揭發他的大學的黑幕，意在促使反省，魯迅就把它登出來了。這反響可真大，原來某氏是該大學畢業生，挾嫌於心，為時已久，今既有「自由大同盟」可作題目，藉故追因，呈請通緝，而且批准。

魯迅曾把這事的經過，詳細地對我說過：「自由大同盟並不是由我發起，當初只是請我去演說，按時前往，則來賓簽名者已有一人（記得是郁達夫君），演說次序是我第一，郁第二，我待郁講完，便先告歸。後來聞當場有人提議要有甚麼組織，凡今天到會者均作為發起人，迨次日報上發表，則變成我第一名了。」魯迅又說：「浙江省黨部頗有我的熟人，他們倘來問我一聲，我可以告知原委。今竟突然出此手段，那麼我用硬功對付，絕不聲明，就算由我發起好了……」這憤慨是無怪的。

魯迅又常常說：「我所抨擊的是社會上的種種黑暗，不是專對國民黨，這黑暗的根源，有遠在一二千年前的，也有在幾百年，幾十年前的，不過國民黨執政以來，還沒有把它根絕罷了。現在他們不許我開口，好像他們決計要包庇上下幾千年一切黑暗了。」

同年三月，魯迅參加「左翼作家聯盟」的成立會，這是一件極重要的事情。為什麼「左翼作家聯盟」到這時候才成立呢？因為魯迅已經首先輸入了蒲力汗諾夫、盧那卡爾斯基的理論，給大家能夠互相切磋，更加堅實而有力。這些譯書的影響確是很大，從此內訌停止，開始深入的發展，形成嶄新的陣營。在「左聯」

成立之先，魯迅常對我說：「罵我的人雖然很多，但是議論大都是不中肯的。罵來罵去罵不出所以然來，真是無聊。」現摘引一段如下：

從前年以來，對於我個人的攻擊是多極了，每一種刊物上，大抵總要看見「魯迅」的名字，而作者的口吻，則粗粗一看大抵好像革命文學家。但我看了幾篇，竟逐漸覺得廢話太多了。解剖刀既不中腠理。子彈所擊之處，也不是致命傷。……我於是想，可供參考的這樣的理論，是太少了，所以大家有些糊塗。對於敵人，解剖，咬嚼，現在是在所不免的，不過有一本解剖學，有一本烹飪法，依法辦理，則構造味道，總還可以較為清楚，有味。人往往以神話中的Prometheus比革命者，以為竊火給人，雖遭天帝之虐待不悔，其博大堅忍正相同。但我從別國裡竊得火來，本意卻在煮自己的肉的，以為倘能味道較好，庶幾在咬嚼者那一面也得到較多的好處，我也不枉費了身軀：出發點全是個人主義，並且還夾雜著小市民性的奢華，以及慢慢地摸出解剖刀來，反而刺進解剖者的心臟裡去的「報復」。梁（實秋）先生說：「他們要報復！」其實豈只「他們」，這樣的人在

「封建餘孽」中也很有的。然而，我也願於社會有些用處，看客所見的結果仍是火和光。這樣，首先開手的就是「文藝政策」，因為其中含有各派的議論。（《二心集·「硬譯」與「文學的階級性」》）

在「左聯」成立時，魯迅發表演說，首則警戒「左翼」作家是很容易成為「右翼作家」的。繼則提出今後應注意的幾點：「第一，對於舊社會和舊勢力的鬥爭，必須堅決，持久不斷，而且注重實力。……第二，我以為戰線應該擴大。……第三，我們應當造出大群的新的戰士。……同時，在文學戰線上的人還要『韌』。」（《二心集·對於左翼作家聯盟的意見》）

從此「左聯」成為中國新文藝界的主力，一直發展下去，而魯迅則成為其領導者。

一九三一年一月，因柔石等被捕，謠傳魯迅也被拘或已死了。大報上雖沒有記載，小報上卻言之鑿鑿。我正在憂疑焦急，而他的親筆郵信忽然到了，知道他已經出走，這才使我放心。信中體裁和以前的大不相同，不加句讀，避掉真名而用「索士」和「令斐」，這是同一個人，我素所知悉的。且以換住醫院，代替出走。原信錄如下：

季黻吾兄左右：

昨至寶隆醫院看索士兄病，則已不在院中，據云：大約改入別一病院，而不知其名。擬訪其弟詢之，當知詳細，但尚未暇也。近日浙江親友有傳其病篤或已死者，恐即因出院之故。恐兄亦聞此訛言，為之黯然，故特此奉白。此布，即請

道安。

弟令斐頓首　一月二十一日

至於謠傳被拘的原因是這樣的，魯迅告訴我：「因為柔石答應了去做某書店的雜誌編輯，書店想印我的譯著，托他來問版稅的辦法，我為要他省掉多跑一趟路，便將我和北新書局所訂的合約，鈔了蓋印交給他，臨別時我看他向大衣袋裡一塞，匆匆地去了。不料翌日就被捕，衣袋裡還藏著我那蓋印的合約，聽說官

廳因此正在找尋我，這是謠傳我被拘的原因。」柔石原名平復，姓趙，浙江寧海縣人，創作之外，致力於紹介外國文藝，尤其是北歐東歐的文學與版畫。被捕後二十日，祕密槍決（參閱《二心集・柔石小傳》）。魯迅更有一篇《為了忘卻的紀念》（《南腔北調集》），寫得真摯沉痛，中有一詩如下：

慣於長夜過春時，挈婦將雛鬢有絲。
夢裡依稀慈母淚，城頭變幻大王旗。
忍看朋輩成新鬼，怒向刀叢覓小詩。
吟罷低眉無寫處，月光如水照緇衣。

他對我解釋道：「那時我確無寫處的，身上穿著一件黑色袍子，所以有『緇衣』之稱。」同時他又寫給我看許多首舊作。這詩中「刀叢」二字，他後來寫給我的是作「刀邊」。

魯迅說：同是青年而不可以一概論，志行薄弱者或則投書告密，或則助官捕人。別國的硬漢為什麼比中國多？是因為別國的淫刑不及中國的緣故。中國也有好青年，至死不屈者常常有之，但皆祕不發表。其不能熬刑至死者，就非賣友不可，非販人命以自肥不可。所以堅卓者壯烈而先亡，游移者偷生而墮落。

魯迅是大仁，他最能夠感到別人的精神上的痛苦，尤其能夠感到暗暗的死者的慘苦。他說：「造化生人，已經非常巧妙，使一個人不會感到別人的肉體上的痛苦了，我們的聖人和聖人之徒卻又補了造化之缺，並且使人們不再會感到別人的精神上的痛苦。」他又說：「我每當朋友或學生的死，倘不知時日，不知地點，不知死法，總比知道的更悲哀和不安；由此推想那一邊，在暗室中畢命於幾個屠夫的手裡，也一定比當眾而死的更寂寞。……我先前讀但丁的《神曲》，到《地獄》篇，就驚異於這作者設想的殘酷，但到現在，閱歷加多，才知道還是仁厚的了：他還沒有想出一個現在已極平常的慘苦到誰也看不見的地獄來。」他說話時的神情，悲憫沉痛，至今還使我不能忘記。

# 一二　上海生活——後五年

（一九三二——一九三六）

一九三一年九月十八日，萬惡的日本軍陷瀋陽，攻下吉林，又破黑龍江，關東三省皆陷。翌年一月，又以海軍陸戰隊窺上海，二十八日夕敵突犯閘北，我第十九路軍總指揮蔣光鼐、軍長蔡廷鍇率所部迎擊，神聖的抗戰遂起。我掛念魯迅的寓所正是在火線中，喬峰的也是如此，無法通訊，不知其如何脫離虎口，不得已電訊陳子英，子英即登報尋覓，於是魯迅知道了，立刻給我一信如下：

因昨聞子英登報招尋，訪之，始知兄曾電詢下落。此次事變，殊出意料之外，以致突陷火線中，血刃塞塗，飛丸入室，真有命在旦夕之概。於二月六日，始得內山君設法，攜婦孺走入英租界，書物雖一無取攜，而大小幸無恙，可以告慰也。現暫寓其支店中，亦非久計，但尚未定遷至何處。倘賜信，可由「四馬路杏花樓下，北新書局轉」耳。此頌

曼福。

弟樹頓首　二月二十二日

喬峰亦無恙，並聞。

我又掛念他雖已逃出了，或許寓屋被毀，書物蕩然，又掛念他此後的行蹤，所以接連通訊，茲摘錄其來信數通如下：

季市兄：

頃得二月二十六日來信，謹悉種種。舊寓至今日止，聞共中四彈，但未貫通，故書物俱無恙，且亦未遭劫掠。以此之故，遂暫蜷伏於書店樓上，冀不久可以復返，蓋重營新寓，為事甚煩，屋少費巨，殊非目下之力所能堪任。倘舊寓終成灰燼，則擬挈眷北上，不復居滬上矣。

被裁之事，先已得教部通知，蔡先生如是為之設法，實深感激。唯數年以來，絕無成績，所輯書籍，迄未印行，近方圖自印《嵇康集》，清本略就，而又突陷兵火之內，存佚蓋不可知。教部付之淘汰之列，固非不當，受命之日，沒齒無怨。現北新書局尚能付少許版稅，足以維持，希釋念為幸。

今所懇望者，唯舍弟喬峰在商務印書館作館員十年，雖無赫赫之勳，而治事甚勤，始終如一，商務館被燹後，與一切人員，俱被停職，素無儲積，生活為難，商務館雖云人員全部解約，但現在當必尚有蟬聯，而將來且必仍有續聘，可否乞兄轉蘄蔡先生代為設法，俾有一棲身之處，即他處他事，亦甚願服務也。

欽文之事，在一星期前，聞雖眷屬亦不准接見，而死者之姊，且控其謀財害命，殊可笑，但近來不聞新消息，恐尚未獲自由耳。

弟樹啟上三月二日

勿復，即頌

曼福。

喬峰廣平坿筆致候。

信中所云被裁之事，即指特約著作員的薪水。

季市兄：

快函已奉到。諸事至感。在漂流中，海嬰忽生疹子，因於前日急遷至大江南飯店，冀稍得溫暖，現視其經過頗良好，希釋念。昨去一視舊寓，除震破五六塊玻璃及有一二彈孔外，殊無所損失。水電瓦斯，亦已修復，故擬於二十左右，回去居住。但一過四川路橋，諸店無一開張者，入北四川路，則市廛家屋，或為火焚，或為炮毀，頗荒漠，行人亦復寥寥。如此情形，一時必難恢復，則是否適於居住，殊屬問題。我雖不憚荒涼，但若購買食物，須奔波數里，則亦居大不易耳。總之，姑且一試，倘不可耐，當另作計較，或北歸，或在英法租界另覓居屋，時局略定，租金亦想可較廉也。喬峰寓為炸彈毀去一半，但未遭劫掠，故所失不多，幸人早避去，否則，死矣。此上，即頌

曼福。

樹啟上　三月十五日

季市兄：

近來租界附近已漸平靜，電車亦俱開通，故我已於前日仍回舊寓，門牆雖有彈孔，而內容無損。但鼠竊則已於不知何時患臨，取去婦孺衣被及廚下什物二十餘事，可值七十元，屬於我個人者，則僅取洋傘一柄。一切書籍，巋然俱存，且似未嘗略一翻動，此固甚可喜，然亦足見文章之不值錢矣。要之，與閘北諸家較，我寓幾可以算作並無損失耳。今路上雖已見中國行人，而遷去者眾，故市廛未開，商販不至，狀頗荒涼，得食物亦頗費事。本擬往北京一行，居留一二月，怯於旅費之巨，故且作罷。暫在舊寓試住，倘不大便，當再圖遷徙也。在流徙之際，海嬰忽染疹子，因居旅館一星期，貪其有汽爐耳。而爐中並無汽，屋冷如前寓而費錢卻多。但海嬰則居然如居暖室，疹狀甚良好，至十八日而痊癒，頗頑健。始知備汽爐而不燒，蓋亦大有益於衛生也。欽文似尚不能保釋，聞近又發見被害者之日記若干冊，法官當一一細讀，此一細讀，正不知何時讀完，其累欽文甚矣。回寓後不復能常往北新，而北新亦不見得有人來，轉信殊多延誤，此後賜

示，似不如由內山書店轉也。此上，即頌

曼福。

迅啟上　三月二十一夜

此後，關於寓屋及閘北被毀的情狀尚有數信見告，茲從略。

一九三三年，「民權保障同盟會」成立，舉蔡先生、孫夫人為正副會長，魯迅和楊杏佛、林語堂等為執行委員。六月，杏佛被刺，時盛傳魯迅亦將不免之說。他對我說，實在應該去送殮的。我想了一想，答道：「那麼我們同去。」是日大雨，魯迅送殮回去，成詩一首：

豈有豪情似舊時，花開花落兩由之。
何期淚灑江南雨，又為斯民哭健兒。

這首詩才氣縱橫，富於新意，無異龔自珍。是日語堂沒有到，魯迅事後對我說：「語堂太小心了。」記得魯迅剛由廣州回上海不久，語堂在《中國評論週報》

發表一文「Lusin」當然深致讚揚，尤其對於他在廣州講演魏晉風度，稱其善於應變。有一天，我和魯迅談及，魯迅笑著說：「語堂我有點討厭，總是尖頭把戲的。」後來，語堂談小品文而至於無聊時，魯迅曾寫信去忠告，勸其翻譯英文名著，語堂不能接受，竟答說這些事等到老時再說。魯迅寫信給我說：「語堂為提倡語錄體，在此幾成眾矢之的，然此公亦誠太淺陋也。」

是年四月，魯迅遷居北四川路大陸新村九號，來信說：「……光線較舊寓為佳，此次過滬，望見訪，並乞以新址轉函銘之為荷。」他住在這裡一直住到死，這是後人應該永遠紀念的地方。

近年來，魯迅因受禁錮，文章沒有地方可以發表，雖則屢易筆名，而仍被檢查者抽去，或大遭刪削。魯迅說：「別國的檢查不過是刪去，這裡卻是給作者改文章。那些人物，原是做不成作家，這才改行做官的，現在他卻來改文章了，你想被改者冤枉不冤枉。即使在刪削的時候，也是刪而又刪，有時竟像講昏話，使人看不懂。」

魯迅有時也感到寂寞，對我詳述獨戰的悲哀，一切人的靠不住。我默然寄以同情，但我看他的自信力很強，肯硬著頭皮苦幹。我便鼓勵著說：「這是無足怪的，你的詩『兩間余一卒，荷戟獨徬徨』，已經成為兩間余一卒，挺戟獨衝鋒了。」相與一笑。

魯迅說：「章先生著《學弊論》所謂『凡學者貴其攻苦食淡，然後能任艱難之事而德操亦固』。這話誠然不錯，然其欲使學子勿慕遠西物用之美，而安守其固有之野與拙，則是做不到的。因為窮不是好事，必須振拔的。」

魯迅的《中國小說史略》，日本的大學多用為教本，所以有增田涉的譯本。其工作頗誠懇不苟，開譯之前，特地來上海，親就魯迅寓所聽其講解，每日約費三小時，如是者好幾個月。回國後，即整理筆記，開始翻譯，有疑難時，則復以通訊請益，凡二年而始脫稿。印刷裝訂，均極華美。出版後，增田氏以兩冊贈魯迅，魯迅即以一冊題字贈我，並且笑著說：「我的著作在自己本國裡，還沒有這樣闊氣裝潢過的。」

魯迅一生做事最大目標是為大眾，為將來。故於大眾藝術和大眾語文，晚年最所致力。

（一）大眾藝術，可以他的提倡木刻為代表。他不但創辦木刻講習會，自己擔任口譯，不但廣搜現代歐洲的名作，開會展覽，連我國古書中的木刻，有可給青年學子做參考材料的，也竭力蒐羅善本而印行之，例如陳老蓮的《博古葉子》，他寫信給我說：「有周子競先生名仁，兄識其人否？因我們擬印陳老蓮插畫集，而《博古葉子》無佳本，蟫隱廬有石印本，然其底本甚劣。鄭君振鐸言曾見周先生藏有此書原刻，極想設法借照，鄭重處理，負責歸還。兄如識周先生，能為一商洽否？」我因為子競在上海，便函托蔡先生就近商借。又魯迅對於青年木刻家，一方面鼓勵，一方面予以不客氣的批評，《魯迅書簡》中關於討論木刻的很多，例如給李樺的諸信，言之甚詳。

（二）大眾語文，魯迅發表了許多篇，如《漢字和拉丁化》《門外文談》《中國語文的新生》《關於新文字》和《論新文字》。現在摘引一段如下：

現在寫一點我的簡單的意見在這裡：

一、漢字和大眾，是勢不兩立的。

二、所以，要推行大眾語文，必須用羅馬字拼音（即拉丁化，現在有人分為兩件事，我不懂是怎麼一回事），而且要分為多少區……

三、普及拉丁化，要在大眾自掌教育的時候。現在我們所辦得到的是：

（甲）研究拉丁化法；

（乙）試用廣東語之類，讀者較多的言語，做出東西來看；

（丙）竭力將白話做得淺豁，使能懂的人增多，但精密的所謂青年木刻家，仍應支持……

四、在鄉僻處啟蒙的大眾語，固然應該純用方言，但一面仍然要改進。……

五、至於已有大眾語雛形的地方，我以為大可以依此為根據而加以改進，太僻的土語是不必用的。……（《且介亭雜文．答曹聚仁先生信》）

至於魯迅的為將來，可以他的兒童教育問題為代表。「救救孩子」這句話是他一生的獅子吼，自從他的《狂人日記》的末句起，中間像《野草》的《風箏》說兒童的精神虐殺，直到臨死前，憤於《申報．兒童專刊》的謬說，作《立此存照（七）》有云：「真的要『救救孩子』。」（《且介亭雜文末編》附集）他的事業目標都注於此。在他的《二十四孝圖》中說：「詛咒一切反對白話，妨害白話者。」就是為的兒童的讀物。

在他的《我們現在怎樣做父親》中有云：「自己背著因襲的重擔……此後幸福的度日，合理的做人。」因之對於兒童讀物，費了不少心血，他的創作不待言，他的譯品就有多篇是童話，例如《表》（全集第十四冊）的譯本，真是又新鮮，又有益。「為了新的孩子們，是一定要給他新作品，使他向著變化不停的新世界，不斷的發榮滋長的。」「十來年前，葉紹鈞先生的《稻草人》是給中國的童話開了一條自己創作的路的。不料此後不但並無蛻變，而且也沒有人追蹤，倒是拚命的在向後轉。……」（《表．譯者的話》）不僅此也。魯迅對於兒童看的畫本，也有嚴正的指示，現在引一段在下面：

……中國的童話開了一條自己創作的路的。不料此後不但並無蛻變，而且也沒有人追蹤，倒是拚命的……畫中人物，大抵倘不是帶著橫暴冥頑的氣味，甚而至於流氓模樣的，過度的惡作劇的頑童，就是鈎頭聳背，低眉順眼，一副死板板的臉相的所謂「好孩子」。這雖然由於畫家本領的欠缺，但也是取兒童為範本的。我們試一看別國的兒童畫罷，英國沉著，德國粗豪，俄國雄厚，法國漂亮，日本聰明，都沒有一點中國似的衰憊的氣象。觀民風是不但可以由詩文，也可以由圖畫，而且可以由不為人們所重的兒童畫的。

頑劣，鈍滯，都足以使人沒落，滅亡。童年的情形，便是將來的命運。我們的新人物，講戀愛，講小家庭，講自立，講享樂了，但很少有人為兒女提出家庭教育的問題，學校教育的問題，社會改革的問題。先前的人，只知道「為兒孫作馬牛」，固然是錯誤的，但只顧現在，不想將來，「任兒孫作馬牛」，卻不能不說是一個更大的錯誤。（《南腔北調集‧上海的兒童》）

# 二三　和我的交誼

我和魯迅生平有三十五年的交誼，彼此關懷，無異昆弟，例如他為我謀中山大學教書事，備極周到，已述於前第二十章。他的著譯編印的書，出版後人抵都有惠贈給我，並且大抵有題字，彌足珍貴。例如《凱綏．珂勒惠支版畫集》的題字（見第十一章），日譯《支那小說史》的題字（見第二十二章），亦已述及，贈與稠疊，永留紀念。一九〇九年我和沈夫人結婚，魯迅贈以《文史通義》和《校讎通義》。他知道我愛誦鄉先生李慈銘的文章，即以廠肆所搜得的曾之撰刻《越縵堂駢體文集》四冊給我。我讀了，才知世傳《孽海花》一書的作者曾樸，就是曾之撰的兒子，其序文明言令兒子樸受業為弟子。因之偶和魯迅談及，他即采入他的《中國小說史略》，云：「……使撰者誠如所傳，則改稱李純客者，實其李慈銘字蓴客（見曾之撰《越縵堂駢體文集序》），親炙者久，描寫當能近實，而形容時復過度，亦失自然。」（《中國小說史略·清末之譴責小說》）足見魯迅著書、取材和引例都費斟酌，具深心的。

吾越鄉風，兒子上學，必定替他挑選一位品學兼優的做開蒙先生，給他認方塊字，把筆寫字，並在教本面上替他寫姓名，希望他能夠得到這位老師品學的薰陶和傳授。一九一四年，我的長兒世瑛年五歲，我便替他買了《文字蒙求》，敦請魯迅做開蒙先生。魯迅只給他認識二個方塊字：一個是「天」字，一個是「人」字，和在書面上寫了「許世瑛」三個字。我們想一想，這天人兩個字的含義實在廣大得很，舉凡一切現象（自然和人文），一切道德（天道和人道）都包括無遺了。後來，世瑛考入國立清華大學——本來打算讀化學系，因為眼太近視，只得改讀中國文學系，請教魯迅應該看些什麼書，他便開示了一張書單，現在抄錄如下：

計有功　宋人　《唐詩紀事》（四部叢刊本　又有單行本）

辛文房　元人　《唐才子傳》（今有木活字單行本）

嚴可均　《全上古……隋文》（今有石印本，其中零碎不全之文甚多，可不看）

丁福保　《全上古……隋詩》（排印本）

吳榮光　《歷代名人年譜》（可知名人一生中之社會大事，因其書為表格之式也。可惜的是作者所認為歷史上的大事者，未必真是「大事」，最好是參考日本三省堂出版之《模範最新世界年表》）

胡應麟　明人　《少室山房筆叢》（廣雅書局本，亦有石印本）

《四庫全書簡明目錄》（其實是現有的較好的書籍之批評，但須注意其批評是「欽定」的）

劉義慶　《世說新語》（晉人清談之狀）

王定保　五代《唐摭言》（唐文人取科名之狀態）

葛洪　《抱樸子外篇》（內論及晉末社會狀態。有單行本）

王充　《論衡》（內可見漢末之風俗迷信等）

王晫　《今世說》（明末清初之名士習氣）

以上所列書目，雖僅寥寥幾部，實在是初學文學者所必需翻閱之書，他的說解也簡明扼要。

一九一八年初夏，內子沈夫人由北京初到南昌，不及半月便病故。魯迅遠來函唁（可惜我在南昌收到的書函均已散失了），大意是說驚聞嫂夫人之喪，世兄們失掉慈母，固然是不幸，但也不盡然。我向來的意見，是以為倘有慈母，或是幸福，然若幼而失母，卻也並非完全的不幸，因為他們也許倒成為更加勇猛，更無罣礙的男兒的……他真想得深刻，不是普通弔唁的套語。

一九一九年春初，伯兄銘伯先生應友人之邀，出席夜宴，忽患左體不遂症，次晨即命舍侄世璿走訪魯迅，商量延醫之事。那時我在南昌，後據璿侄轉述：魯迅先生想了一想，便說這個病不容易完全治癒的。德醫逖普耳太忙，法醫某不很知悉，還是請義大利的儒拉來診罷。伯兄因為和魯迅平素氣味相投，過從亦密，所以病中對於凡來存問的戚友，必先述魯迅之言，德醫如何如何，法醫如何如何，還是義大利醫生儒拉罷。其後亦曾遍覓良醫，但是果然無效，計病二十九個月而歿，魯迅聞訃即來吊。

一九三四年年冬，三女世瑒在嘉興患扁桃腺炎，我遠在北平，不及照顧，只好倩內子陶伯勤往訪魯迅煩他紹介醫師。他為人謀，最忠實不憚煩，閱下面的幾封信便可了然：

## 第一封

季市兄：

二十三日嫂夫人攜世瑒來，並得惠函，即同赴篠崎醫院診察，而醫云扁桃腺確略大，但不到割去之程度，只要敷藥約一週間即可。因即回鄉，約一週後再來，寓滬求治。如此情形，實不如能割之直捷爽快。因現在雖則治好，而咽喉之弱可知，必須永遠攝衛；且身體之弱，亦與扁桃腺無關，當別行診察醫治也。後來細想，前之所以往筱崎醫院者，只因其有專科，今既不割，而但敷藥，內科又須另求一醫診視，所費頗多，實不如另覓一兼醫咽喉及內科者之便當也。弟亦識此種醫生，俟嫂夫人來滬時，當進此說，想兄必亦以為是耳。又世瑒看書一久，輒眼酸，聞中國醫曾云患沙眼，弟以問筱崎醫院，托其診視，則云不然，後當再請另一醫一視。或者因近視而不帶鏡，久看遂疲勞，亦未可知也。舍下如常，可釋遠念。匆布，即請

道安。

弟飛頓首　十月二十七日

## 第二封

季市兄：

惠函早收到。大約我寫得太模糊，或者是兄看錯了，我說的是扁桃腺既無須割，沙眼又沒有，那麼就不必分看專門醫，以省經費，只要看一個內科醫就

夠了。

今天嫂夫人攜世瑒來，我便仍行我的主張，換了一個醫生，他是六十多歲的老手，姓須藤，經驗豐富，且與我極熟，絕不敲竹槓的。經診斷之後，他說關鍵全在消化系，與扁桃腺無關，而眼內亦無沙眼，只因近視而不戴鏡，所以容易疲勞。眼已經兩個醫生看過，皆云非沙眼，然則先前之診斷，不大可怪耶。

從月初起，天天發熱，不能久坐，蓋疲勞之故，四五天以前，已漸癒矣。上海多瑣事，亦殊非好住處也。

專此布達，並請

道安

弟飛頓首　十一月廿七日

## 第三封

季市兄：

頃奉到十二月五日惠函，備悉種種。世瑒來就醫時，正值弟自亦隔日必赴醫院，同道而去，於時間及體力，並無特別耗損，務希勿以為意。至於診金及藥費，則因與醫生甚熟，例不即付，每月之末，即開帳來取，屆時自當將世瑒及陶女士之帳目檢出寄奉耳。

弟因感冒，害及腸胃，又不能悠遊，遂至頹憊多日，幸近已向癒，胃口亦漸開，不日當可復原，希勿念為幸。

專此布復，並頌

曼福

弟飛頓首　十二月九日

一九三五年七月，長女世瑒和湯兆恆在上海新亞酒家結婚。我因為國難期間，不敢發柬，但是戚友來者已不少，魯迅一向不肯出門酬應，獨對於我是例外。那天下午偕景宋挈海嬰惠然來賀，並且到得很早。鄭介石君來，翻閱來賓簽名簿，見「周樹人」三個字，便忻然問我：周先生也來了嗎？我遂導引上屋頂花園，他們相見，非常高興，因為已經闊別好幾年了。近來我讀《魯迅書簡》（一九四六年出版），才知道他為我費去許多寶貴的光陰。「……月初因為見了幾回一個老朋友，又出席於他女兒的結婚，把譯作擱起來了，後來須趕譯，所以弄得沒有工夫」。覺得他的光臨是非常忻幸，但是耽誤了他的譯作又是抱歉萬分！

# 二四　日常生活

魯迅出學校以後，從事戰鬥的新文藝工作，亙三十年。這三十年間始終維持著最樸素的學生和戰士的生活，「焚膏油以繼晷，恆兀兀以窮年」，節衣縮食以購圖書，以助窮苦青年的學費。景宋說得好：「『囚首垢面而談詩書』，這是古人的一句成語，拿來轉贈給魯迅先生，是很恰當的。我推測他的所以『囚首垢面』，不是故意驚世駭俗，老實說，還是浮奢之風，不期引起他的不重皮相，不以外貌評衡一般事態，對人如此，對自己也一樣。」又說：「說到廢紙做信封，我更憶起他日常生活之一的惜物。……他則正唯其如此，日積月累地，隨時隨地可省則省，留有用的金錢，做些於人於社會有益的事。不然，不管他如何大心助人，以區區收入，再不處處儉省，怎能做到他當時所願做的呢。」（《新中國文藝叢刊》三，

景宋：《魯迅的日常生活》）

關於他的衣著，他在南京讀書時，沒有餘錢製衣服，以致夾褲過冬，棉袍破舊得可憐，兩肩部已經沒有一點棉絮了。這是他逝世以後，母太夫人才告訴我的。他在杭州教書時，仍舊著學生制服，夏天只做了一件白羽紗長衫，記得一直穿到十月天冷為止。後來新置了一件外套，形式很像現今的中山裝，這是他個人獨出心裁，叫西服裁縫做成的，全集第八冊插圖，便是這服裝的照片。他的鞋是革制而遮滿足踝的。我還記得他在紹興中學堂教書時，有過一件皮鞋踢鬼的趣事：他的家和學堂的距離頗遠，中間有一條近路，是經過義塚堆的。有一天晚上，在學堂裡弄得時候遲了，回家時，心想走那一條路呢。決定仍走近路。兩邊草長得很高，忽地望見正面有個白東西毫不做聲地停住著，而且漸漸變為矮小，終於成為石頭那樣不動了。他當時有些躊躇，這樣深夜，會有人在這樣地方行動，大約是所謂「鬼」罷？對這惡物的襲來，是「進攻」還是「退卻」呢？短時間的決定：還是沖上去，而且走到這白東西的旁邊，便用硬底皮鞋先踢了出去，結果那白東西「呵唷」一聲，站起來向草中逃去了。魯迅終於不曉得這是什麼東西，他後來講到這趣事時，笑著說：「鬼也是怕踢的，踢他一腳，就立刻變成人了。」他到廣州以後，少著皮鞋，改用黑色帆布面膠底的了。

關於他的飲食，飯菜很隨便，唯不很喜吃隔夜菜和乾鹹品，魚蟹也少吃，為的怕去骨和剝殼的麻煩。除飲茶和吸菸外，並無嗜好。茶用清茶，菸草用廉價品，每日大概需五十支。早上醒來便在臥帳內吸菸，所以住會館時，他的白色蚊帳熏成黃黑。還有一段趣事，即本書第五章所說，「火車上讓座給老婦人，弄得後來口渴，想買茶而無錢」，原因也是在愛吸菸草。有一天，他從東京回仙臺，付過了房飯錢和人力車錢，買好了火車票之後，口袋裡只剩兩角銀貨和兩個銅板了。因為火車一夜就到，他的學費已經先由公使館直寄學校留交了。他大膽地把這兩角錢通通買了煙。自以為糧草已足，百事無憂，揚長登車去了。不料車到某站，眾客擁擠而上，車內已無餘坐，魯迅便對一位老婦人起立讓坐，她因此感激，謝了又謝，攀談既久，饋以一大包鹹煎餅。魯迅大嚼之餘，便覺口渴，到了一站，便喚住賣茶者，但立刻記得口袋中的情形，支吾一聲不要買了。但是老婦人已經聽得他的喚茶而不買，以為是時間來不及之故，到了次一站，她便代為喚住，魯迅只好推託說，我現在不渴了。於是她買了一壺送給他，他也不客氣，一飲而盡。有誰知道他的口袋中只有兩個銅板呢？（參閱拙著《回憶魯迅》）他不敢多喝酒，因為他的父親曾有酒脾氣，所以他自己很有節制，不敢豪飲。他愛吃辣椒。我當初曾問他何時學會吃辣，他只答道在南京讀書時，後來才告訴我：因為夾褲過冬，不得已吃辣椒以禦寒氣，漸漸成為嗜好，因而害及胃的健康，為畢生之累。他發胃病的時候，我常見他把腹部頂住方桌的角上而把上身伏在桌上，這可想見他胃痛的厲害呀！

魯迅能健談，和他相處，隨便聊天，也可見其胸懷磊落，機智疾流，有光風霽月之概。所談有種種，或敘述，或評論，或笑話，或悲憤，都令人感到親切和痛快。可惜我當時沒有把它記錄下來，損失至巨。李霽野說得好：「……從他的臉上可以看出他所經歷的人生經驗是何等深刻，他談話時的兩眼顯然表示著他的觀察是何等周密和銳敏，聽到不以為然的事時，他的眉頭一皺，從這你也不難看出他能感到怎樣的悲憤。笑話是常有的，但卻不是令人笑笑開心的笑話，那裡面總隱藏著嚴肅和諷刺，他的談鋒和筆鋒一樣，隨時有一針見血的地方，使聽者覺得這是痛快不過的談吐。」有人以為魯迅好罵，其實不然，我從不見其謾罵，而只見其慎重謹嚴。他所攻擊的，雖間或系對個人，但因其人代表著某一種世態，實為公仇，決非私怨。而且用語極有分寸，不肯溢量，彷彿等於稱過似的。要知道：倘說良家女子是婊子，才是罵；說婊子是婊子，那能算是罵呢？

魯迅寫字用毛筆而不用墨水筆，這是很值得注意的一件事，因為根據他的經驗和理論都是擁護後者的。他在學生時代記講義都是用後者，而且記得很清晰純熟，又很美觀；對於禁用後者又曾反對，以為學生用後者寫字當然比前者來得便當而且省時間。他說：「據報上說，因為鉛筆和墨水筆進口之多，有些地方已在禁用，改用毛筆了。……倘若安硯磨墨，展紙舔筆，則即以學生的抄講義而論，速度恐怕總要比用墨水筆減少三分之一，他只好不抄，或者要教員講得慢，也就是大眾的時間被白費了三分之一了。所謂『便當』並不是偷懶，是說在同一時間內，可以由此做成較多的事情。這就是節省時間，也就是使一個人的有限的生命，更加有效，而也即等於延長了人的生命。古人說，『非人磨墨墨磨人』，就在悲憤人生之消磨於紙筆中，而墨水筆之製成，是正可以彌這缺憾的。」（《準風月談·禁用和自造》）話雖如此，但是他的全集的原稿可說全是用毛筆寫；其餘未印的二十五年間的日記和已印未印的幾千通的書簡也都是用毛筆寫的。這用毛筆的原因，大概不外乎（一）可以不擇紙張的厚薄好壞；（二）寫字「小大由之」，別有風趣罷。

魯迅對於書籍的裝飾和愛護，真是無微不至。他所出的書，關於書面的圖案，排字的體裁，校對的仔細認真，沒有一件不是手自經營，煞費苦心。他用的圖案總是優美的，書的天地頭及題目左右總是寬裕的。他常說：「字排得密密層層，不留餘地，令人接在手裡有一種壓迫感。」又說：「書的每行的頭上，倘是圈，點，虛線，括弧的下半（）的時候，是很不好看的。我先前做校對人的那時，想了一種方法，就是在上一行裡，分嵌四個『鉛開』，那麼，就有一個字擠到下一行去，好看得多了。」經他校過的書，錯誤是很少很少的。關於線裝書，內容有缺頁的，他能夠抄補；形式有破爛的，也能夠拆散，修理，重裝完好；書頭汙穢的，能用浮水石把它磨乾淨；天地頭太短的也能夠每葉接襯壓平，和北平琉璃廠肆的書匠技術一樣高明。他喜歡毛邊不切的書，說光邊好像和尚頭似的；尤其喜歡初印紅字本，所以我以初印紅字本《章氏叢書續編》贈送，他接在手裡，非常高興。由於他的愛護書籍，纖悉必至，有人把他珍藏的書，借去弄得汙損了，他非常悲嘆，不嘆書而嘆那人的心的汙濁。即此一端，便可推見其愛護民族愛護人類的大心！

總之，魯迅一生的起居是很樸素的，刻苦耐勞的，始終維持著學生和戰士的生活。最後的十年間，有景宋夫人的照料，飲食較為舒適，然她自己還以為罪過，說：「記不清有誰說過，魯迅的生活，是精神勝於物質。的確的，他日常起來遲了，多在十一時余，那麼午飯就吃不下了。這樣一起床就開始工作，有時直至吃夜飯才用膳，也不過兩三種飯菜，半杯薄酒而已。想起來卻是我的罪過，不會好好地注意他的營養，到後來，好像燈油的耗盡，那火光還能支持嗎？」他的寢具一向是用板床薄被，到上海後，才改用最普通的鐵床。書桌旁邊放著一張藤躺椅，工作倦了，就在這椅上小坐看看報紙，算作休息而已。

# 二五　病死

終於說到魯迅的病死了！他因患肺結核而死。這樣可怕的病，當初並不以為意，其實是伏根很早，從少年時已然，至少曾發過兩次，又曾生重症肋膜炎一次，以致肋膜變厚，不通X光，但當初竟並不醫治，且不自知其重病，而自然痊癒者，蓋身體底子極好之故。到了一九三六年五月，就是他臨死四個月前，美國D醫師來診，也說他是最能抵抗疾病的人。

……大約實在是日子太久，病象太險了的緣故罷，幾個朋友暗自協商定局，請了美國的D醫師來診察了。他是在上海的唯一的歐洲的肺病專家，經過打診，聽診之後，雖然譽我為最能抵抗疾病的典型的中國人，然而也宣告了我的就要滅亡；並且說，倘是歐洲人，則在五年前已經死掉。這判決使善感的朋友們下淚。我也沒有請他開方，因為我想，他的醫學從歐洲學來，一定沒有學過給死了五年的病人開方的法子。然而D醫師的診斷卻實在是極準確的，後來我照了一張用X光透視的胸像，所見的景象，竟大抵和他的診斷相同。（《且介亭雜文末編附集·死》）

他的身體底子雖好，卻經不起多年的努力和苦鬥，以致陷入這種重病中，病危之後，還是力疾工作，不肯小休，而且「要趕快做」。這年四月五日，他寄給我的信中，述及病情，有云：

> 我在上月初驟病，氣喘幾不能支，注射而止，臥床數日始起，近雖已似復原，但因譯著事煩，終極困頓。倘能優遊半載，當稍健，然亦安可得哉？

信中並不說明肺病，我又疏忽糊塗，以為不過是重感冒之類，所以回信只勸他節勞調攝而已。到了五月下旬，我因公事至南京，二十九日特地往上海去看他，才知病勢沉重，胃口不開，神色極憊，不願動彈，兩脛瘦得像敗落的絲瓜，看了真叫人難受。這一天，須藤醫師給他注射強心劑。三十一日，我再去看他，似乎已略有轉機，便勸他務必排遣一切，好好療養半年，他很以為然說：「我從前總是為人多，為己少，此後要想專心休養了。」這一天的下午，便是上述的D醫師來診，宣告病危。我返北平以後，景宋來信雖說病體已轉危為安，然而仍不肯入院療治。六月五日，孫夫人宋慶齡先生在病院中，寫信慰問魯迅，勸其馬上入院醫治，說：「……你的生命，並不是你個人的，而是屬於中國和中國革命的！為著中國和革命的前途，你有保存，珍重你身體的必要，因為中國需要你，革命需要你！」但是魯迅仍不肯住院或轉地療養，他覺得如果「中國需要你，革命需要你」，就更不應該自己輕易捨去。六月五日以後，精神委頓，便不能按日寫日記了！一直到六月三十日，他有一段追記如下：

自此（五日）以後，日漸委頓，終至艱於起坐，遂不復記，其間一時頗虞奄忽，但竟漸癒，稍能坐立誦讀，至今則可略作數十字矣，但日記是否以明日始，則近頗懶散，未能定也。六月三十日下午，大熱時志。

七月一日起，魯迅居然又按日寫日記了，直至十月十八日——逝世前夕始止。茲錄一段如下：

七月一日。晴熱。上午得文尹信。午季市來，並贈橘子及糖果。下午須藤先生來，注射 Takamol，是為第四次。……

這一天，我剛由北平到上海，所以立刻去慰問，看他的病體確已漸臻恢復，甚為欣喜。他告訴說，「醫師勸我轉地療養，我正在考慮中，國內是無處可走，國外則如東京之類，來客必多，亦非靜養之地，俟後再定。」我竭力慫恿出國療養，回家後還去信催問動身日期。他七月十七日覆信云：

季市兄：

三日惠示早到。弟病雖似向愈，而熱尚時起時伏，所以一時未能旅行。現仍注射，當繼續八日或十五日，至尒時始可定行止，故何時行與何處去，目下初未計及也。

頃得曹君信，謂兄南旋，亦未見李公，所以下半年是否仍有書教，毫無所知，囑弟一探聽。如可見告，乞即函知，以便轉達，免其懸懸耳。

目前寄上版畫一本，內容尚佳，想已達。

專此布達，即請

道安。

弟樹頓首　七月十七日

可憐！旅行之期始終未能決定。隔了十天（七月二十七日），我回北平，道經上海，再去看他，身體雖瘦，精神已健，確乎已轉危為安，只須好好調養罷了。我們長談一日，他以手自經營，精印題詞的《凱綏．珂勒惠支板畫選集》贈我（參閱本文第十一）。到了晚九時，我握著這本選集告別，他還問我幾時再回南，並且下樓送我上車，萬不料這竟就是他題詞贈我的最後一冊，萬不料「這一去，竟就是我和他相見的末一回，竟就是我們的永訣！」

十月十九日上午，我在北平便得了電傳噩報，知道上午五時二十五分，魯迅竟爾去世了。我沒法想，不能趕去執紼送殯，只打了一個電，略云：「上海施高塔路大陸新村九號，許景宋夫人，豫才兄逝世，青年失其導師，民族喪其鬥士，萬分哀痛，豈僅為私，尚望善視遺孤，勉承先志……」魯迅的壽僅五十六歲，其致死之由，我在拙著《懷亡友魯迅》文中，舉出三點：（一）心境的寂寞，（二）精力的剝削，（三）經濟的壓迫，而以這第三為最大的致命傷。他大病中所以不請D醫開方，大病後之不轉地療養，「何時行與何處去」，始終躊躇著，就是為了這經濟的壓迫。魯迅畢生為反帝反封建而奮鬥，淡泊自甘，痛惡權勢，受禁錮而不悔，受圍攻而不屈，受誣衊不知若干次。翻譯幾本科學的文藝理論，就誣他得了蘇聯的盧布；出版一本《南腔北調集》，就誣他得了日本萬金，意在賣國，稱為漢奸；愛羅先珂從中國到德國，說了些中國的黑暗，北洋軍閥的黑暗，就說這些宣傳，受之於他，因為他的女人是日本人，所以給日本人出力；給一個毫不相干的女士做了一篇《〈淑姿的信〉序》，就說她是他的小姨；「一二八」戰事驟起，寓所突陷火線中，得日本人內山完造設法，才避居於其英租界支店的樓上幾天，就說他托庇於日本間諜。

魯迅對這些誣衊，能夠憤而安之，「細嚼黃連而不皺眉」。唯獨在病勢沉重之際，對於抗日的統一戰線的態度，因為有人誣陷他，則不能不扶病明白答覆，主張不分派別，一致聯合來抗日的。他說：「我贊成一切文學家，任何派別的文學家，在抗日的口號之下統一起來的主張。」「我以為文藝家在抗日問題上的聯合是無條件的，只要他不是漢奸，願意或贊成抗日，則不論叫哥哥妹妹，之乎者也，或鴛鴦蝴蝶都無妨。」「我以為在抗日戰線上是任何抗日力量都應當歡迎的。」（《且介亭雜文末編．答徐懋庸並關於抗日統一戰線問題》）他又在《論現在我們的文學運動》（《且介亭雜文末編》附集），強調為了民族生存上，非和日本侵略者決戰不可。「因為現在中國最大的問題，人人所共的問題，是民族生存的問題。……而中國的唯一的出路，是全國一致對日的民族革命戰爭」。果然，他的文字的感召力極強，所以死後不到一年，偉大的神聖的全面抗戰開始了！

魯迅之喪，我雖掛名為治喪委員之一，卻是未能實際趕到參加。景宋曾寄給我一大套喪儀的照片，大約有三四十張，我看了下淚。關於喪儀的盛況，是有一種特色的，報章雜誌上都記載得很詳，現在取其敘述簡單的內山完造（他也是治喪委員之一）的《魯迅先生》文中一二節如下：

……二十日和二十一日在萬國殯儀館瞻仰遺容的期間，有一萬人光景從朝到晚作著長蛇形的行列。二十二日出殯，雖說是下午兩點鐘，可是從早晨就開始擁塞進來的群眾，圍繞著遺體，幾乎連出殯的走路都沒有的。

誰也沒有下過命令，沒有做過邀請，也沒有預先約好，而送葬的行列，卻有六千人光景的大眾，而且差不多全是青年的男人和少年。旗子輓聯，都是棉布的；拿花圈的也罷，拿旗子輓聯的也罷，全部是送葬的人。而且，除了主治醫生一個人之外，一輛自備汽車也沒有，僅僅由「治喪委員會」租來九輛汽車（按時間計算租金）。一個僧侶也沒有，一個牧師也沒有，一切都由八個治喪委員辦了。這等等，毫無遺憾地發揮著被葬者的人格。兩小時半的大行進，一絲未亂，什麼事故也沒有出。到完全入好穴的辰光，是上弦月開始放射青輝到禮堂上的下午六時了。

內山完造是魯迅的好友，基督教徒，內山書店的老闆，其人好義有識見。抗戰中，魯迅的塚墓被敵偽毀壞了，後忽有人把它完全修復而不以告人。據景宋說，想必是出於他的慷慨而不肯居功。

我和吾友羅膺中，為要永久保留魯迅的手跡，遺物，以及工作室的全部情形起見，曾經同至西三條胡同住宅，照了十幾張相片，以存紀念，且以一套郵寄給景宋。

至於哭挽魯迅的詩和文，當然很多，我僅就吾友中，選錄許季上（丹）、張泠僧（宗祥）的詩各一首，馬幼漁（裕藻）、羅膺中（庸）的輓詞各一聯，附錄於下，以見一斑。

## 許季上《哭豫才兄》——

驚聞重譯傳窮死[1]，坐看中原失此人。
兩紀交情成逝水，一生襟抱向誰陳。
於今欲殺緣無罪[2]，異世當知仰大仁[3]，
豈獨延陵能掛劍，相期姑射出埃塵。

## 張冷僧《哭豫才詩》——

老友飄零剩幾人，海濱驚報損愁身。
文章幾度疑戕命，魑魅千年見寫真。
別有煩冤天莫問，但余慈愛佛相親。
嘔心瀝血歸黃土，天下黔婁識苦辛。

[1] 十月十九日夜，見《日文晚報》載兄死訊，述垂死前情況至為淒切，不忍再讀。——作者注
[2] 子貢子路相與言曰，「殺夫子者無罪，藉夫子者不禁」。——作者注
[3] 兄慈仁惻怛，心如赤子，而世人不省，伐樹削跡，厄之至死。——作者注

## 馬幼漁《挽豫才聯》——

熱烈情緒，冷酷文章，直筆遙師蓟漢閣；
清任高風，均平理想，同心深契樂亭君。

## 羅膺中《集遺詩句挽魯迅先生聯》——

荷戟獨徬徨，豈惜芳心遺遠者；
大國猶酩酊，如磐夜氣壓重樓。

翌年一月我利用假期回南，特至萬國公墓，在魯迅墓前獻花圈以申哀弔，歸途成《哭魯迅墓詩》一首，附錄於此，以終斯記：

身後萬民同雪涕，
生前孤劍獨衝鋒。
丹心浩氣終黃土，
長夜憑誰叩曉鐘。

電子書購買　　爽讀 APP

國家圖書館出版品預行編目資料

亡友魯迅印象記：深入魯迅內心世界，最後的告別與思念 / 許壽裳 著 . -- 第一版 . -- 臺北市：複刻文化事業有限公司, 2023.12
面；　公分
POD 版
ISBN 978-626-7403-13-6( 平裝 )
1.CST: 周樹人 2.CST: 傳記
782.884　112018218

# 亡友魯迅印象記：深入魯迅內心世界，最後的告別與思念

臉書

作　　者：許壽裳
發 行 人：黃振庭
出 版 者：複刻文化事業有限公司
發 行 者：複刻文化事業有限公司
E-mail：sonbookservice@gmail.com
粉 絲 頁：https://www.facebook.com/sonbookss/
網　　址：https://sonbook.net/
地　　址：台北市中正區重慶南路一段六十一號八樓 815 室
Rm. 815, 8F., No.61, Sec. 1, Chongqing S. Rd., Zhongzheng Dist., Taipei City 100, Taiwan
電　　話：(02) 2370-3310　　傳　　真：(02) 2388-1990
印　　刷：京峯數位服務有限公司
律師顧問：廣華律師事務所 張珮琦律師
定　　價：250 元
發行日期：2023 年 12 月第一版
◎本書以 POD 印製